九说中国

道观可道的中国

张晓虹 著

上海文艺出版社

出版者的话

作为人类四大古文明之一,华夏文明是世界上唯一没有中断并持续发展到今天的文明体系。这一文明体系发源于中国这片土地,在这片土地上发展壮大,立足于这片土地,敞开胸怀接纳吸收来自全人类的优秀文化元素,并不断向周边国家乃至全球传播,在对外交流中又进一步得到完善,从而形成了当今中国的文化面貌,也塑造着我们华夏民族优秀的精神品格。

对这样的文化,我们完全应该有充分的自信。而文化自信,是一个国家、一个民族发展中最基本、最深沉、最持久的力量。为此,我们决定组织编写这套"九说中国"丛书。

"九"这个数字,在中国传统文化中有着特殊的象征意味。在古时,九为阳数的极数,又是大数、多数的虚数,所以,既可以表示尊贵,也可以代表全部。据《尚书·禹贡》所载,大禹治水,后来称王,将天下划分为徐州、冀州、兖州、青州、扬州、荆州、豫州、梁州、雍州等九州;后来,九州可以代指整个中国。青铜器有"九鼎",成语"一言九鼎"表示说话有分量。"九"还与"久"谐音,有长长久久、绵延不绝之意。

"九说中国"系列丛书在体例上力图打破传统的学科界限和历史分期,从文化表现的角度着眼,系统展示华夏五千年文明的核心元素与基本样貌,凸显中国思想的博大精深、中国文化的源远流长、中国精神的丰富多彩,进而揭示华夏文明所具有的独特气质和深刻内涵,展示华夏文明的兼容并蓄和强大生命力。

中华优秀传统文化需要创造性转化,需要创新性发展;转化与发展最终一定是从实处、细微处生发出来。"九说中国"系列丛书邀请对中国文化素有研究的学者,从承载中华优秀文化的诸多细小的局部和环节入手，从最能代表中国气质、中国气象、中国气派的人物、事物、景物、风物、器物中，选取若干精彩靓丽的内容，以生动的语言和独特的叙事方式，描述华夏传统的不同侧面，向读者传达中华优秀传统文化的精气神。

"九说中国"系列丛书将分辑陆续推出，每辑九种。第一辑九种书目，涉及文字、诗歌、信仰、技术、建筑、民俗日常，并推究建立于其上、传承数千年的华夏观念。为了让海外读者有机会了解中国文化的博大精深和丰富多彩，本丛书在适当的时候还拟推出多种语言的国际版。

上下五千年，纵横一万里。"九说中国"系列丛书力求涵盖面广，兼顾古今，并恰当地引入中外比照；做到"立论有深度，语言有温度，视野有广度"，同时用当代读者喜闻乐见的表达形式加以呈现。

当然，丛书的编写是否达到了策划的预期，还有待读者诸君评鉴。欢迎各位随时提出批评改进的意见和建议。

目录

前言：道教与中国文化 / 001

一　祭天告成与封禅泰山 / 001

二　北魏寇谦之与中岳嵩山 / 013

三　终南捷径与洞天之冠 / 027

四　清虚真人与王屋山 / 051

五　五斗米道与青城山 / 069

六　陶弘景与三茅山 / 085

七　皇室家庙武当山 / 097

八　正一祖坛龙虎山 / 113

九　司马承祯与天台宗 / 129

结语：道教与中国人 / 140

附录：道教地理体系的构建 / 143

参考书目 / 160

前言：道教与中国文化

产生于中国本土的道教，是以影响广泛而流传久远的先秦道家思想作为其理论基础的，大约在东汉晚期由四川人张道陵最终创立。张道陵在创建这个新型的宗教时，不仅将先秦的道家思想拿来，尊奉道家的代表人物老聃为道教教主和最高天神，还综合了先秦以来的方仙道和黄老道的内容，将道家讲求长生、飞仙，重视神仙、鬼神的观念全盘接收并加以发扬光大。

正是由于道教善于兼收并蓄，对中国过往的文化和信仰都采取尽量包容的态度，因此随着道教的发展，其神祇来源"杂而多端"。在最早出现的天师道、太平道中，除了收纳大量中国古已有之的神祇外，自己还创造出一批神灵。其后形成的上清派和灵宝派，又各自为了需要新造了一大堆仙真。这样一来，道教中的神灵可谓是包罗万象、新旧杂陈，天神、地祇、人鬼和仙真众圣应有尽有。既然这些神灵的来源各异，功能不同，自然互不统属，纷然无序。以至于道教显得颇有些荒诞无稽、来路不正，尤其在与佛教神祇体系严整、设置规范的对比后。

为了让历代创造出的众多神灵仙真各安其位，道教理论家们建构了一套神仙地理体系，这当然也反映出产自中国的道教秉承了中国传统文化的现实主义色彩。

道教追求的是长生成仙，因此这些成仙后的神灵居住的地方名为仙境。战国时，燕齐方士们声称，这个仙人世界坐落在渤海之中，共有三岛组成，分别名为蓬莱、方丈、瀛洲。这三神山上有众多仙人居住，还有供仙人食用的不死之药。不仅如此，三神山上的禽兽都是纯洁的白色，宫阙是用黄金或者白银建造的。这样的地方当然为人们所艳羡，加上距离人间也并非遥不可及，故

"世主莫不甘心焉"。齐威王、齐宣王（前378—前324）和燕昭王（前311—前297）都曾派人入海寻找三神山。可惜的是，这些三神山远远望去如在云端，及至驶近却隐入水下，或者将要抵达又为狂风吹离航线。总之，从未有人真正地到达三神山。这可望而不可及的海中三神山，其现实背景是燕齐滨海地区的海市蜃楼。这种由幻景所创造出的神话，不仅成为齐威王、齐宣王及燕昭王等人的梦想，即使是后来一统六合的秦皇汉武也对此梦寐以求。秦汉时，齐地方士纷纷上书托言神怪奇方，甚至有人声称夜晚曾见到高达数丈的巨人，引得秦始皇派徐福带领童男童女寻访仙人，以求长生之药。汉武帝甚至自己亲自东巡齐地，封禅泰山，希冀借此在海上遇到仙人。可惜神人并不领情，始终不肯露面。结果神仙终未得见，神山亦属渺茫。为聊解思仙之情，汉武帝在长安城内建章宫北的太液池中，修筑蓬莱、方丈、瀛洲、壶梁，以仿海中神山。

随着道教的发展，神灵的数目不断增加，海上仙山已远远不敷使用。从魏晋南北朝时期开始，道教中的高人开始试图系统地整理这些神仙居住的胜境，并依其等级高低将它们分别安置在天、海、山、地各处：在天上的，称为"三清境"，是最高等级的神仙居住的地方；在海中的，称为"十洲三岛"，所谓的蓬莱仙境即是；在山里的，称为"名山洞府"，由于数量众多，亦分为十大洞天、三十六小洞天；在地上的，称为"七十二福地"，主要指那些还未成仙者修行成道的地方，一般远离喧嚣，避开尘世，以便静心修炼、交通神仙，以达到成仙的目的。

由于道教吸纳了以先秦老庄为代表的清淡无欲的哲学思想，追求恬淡清虚，所以学道成仙之士，亦应当含光藏辉，潜入深山，与世隔绝。只有摒弃人世间的繁杂喧嚣，到幽邃的山中修炼，才能"内守坚固真之真，虚中恬淡自致神"（《上清黄庭内景经·紫清章第二十九》），方可"名入上清死灵除"。可见道教是把虚静恬淡视为修炼黄庭的必要条件，故晋代著名的道士葛洪在他的《抱朴子内篇·金丹》中就强调："古之道士，合作神药，必入名山。"

道士之所以选择名山，环境清幽固然是原因之一，但更为重要的是，在古人心目中，高山之巅最接近天神所居之地，便于修道之士交通神灵以及成仙飞升。最出名的例子就是黄帝飞升的故事。司马迁在《史记》中讲到，当年黄帝采铜首阳山，铸鼎于荆山下。鼎成之后，就有神龙垂下自己的胡须下迎黄帝上天成仙。黄帝攀着龙须爬到龙背上，跟随他的群臣及后宫嫔妃一起爬上龙背的有七十余人。可知若黄帝不是在荆山上，那么神龙怎么可能垂下胡须就能让黄帝骑到自己的背上。因此，在道教经典中，高山是圣人与神灵交会之处，"中国华山、首山、太室、泰山、东莱，此五山黄帝之所常游，与神会。黄帝且战且学仙"。

除了便于成仙飞升之外，炼制丹药所需要的大量珍宝奇物多藏于深山旷谷中。因此，历代的高道，不论是为远离尘嚣，还是为寻觅神仙，甚或为合药炼丹，大多选择隐居名山这种生活方式。而当道士们修成仙体的传闻出现后，他们曾居留过的山脉峰峦就成为人们祭奠、崇拜之地，希冀因此也获得仙人的福佑。这样的圣地就被道教纳入洞天福地之列，如著名的五岳、武当山、青城山、龙虎山、茅山、终南山、罗浮山等。中国俗语中的"山不在高，有仙则名（灵）"，即是从此而出。不过，中国道教发展的历史悠久，造就的高道数量不少，他们所成就的名山仙境自然以千百数计。这许多名山被编号排序，形成十洲三岛、大小洞天与七十二福地的地理系统，以示它们与上天的亲疏关系。

这种状况当然不利于道教的传播与发展。为了改变道教的形象，东晋时，道士陶弘景在茅山修炼期间，专门撰著《真灵位业图》一书试图解决道教神祇的杂芜与无序。《真灵位业图》将当时道教中各类神灵集成在一起，即有道教各路流派创设的仙真神灵，也有中国历史上各位圣王，甚至一些历史上确实存在的思想家也一并作为神灵网罗进去。对于这样一个庞杂的神祇队伍，陶弘景用了七个等级将其分类组织：第一神阶以玉清元始天尊为主神，第二神阶以玉晨玄皇大道君为主神，第三神阶以太极金阙帝君为主神，第四神阶以太清太上老君为主神，直到最后第七神阶是以管理鬼魂的丰都北阴大帝为主神。在这七个主神之下，又分出左、右位，再将若干天神、仙真、地祇、人鬼置于这七个主神的统率之下，从而构成一个等级分明的神仙谱系。这样一个神仙谱系尽管是人为拼凑出来的，但毕竟使得道教的仙界从此有了秩序，明确了神祇的身份，确定了各自的职能。这些本来子虚乌有的神仙，经过这样的组织安排后，也就真实起来。

经过陶弘景的精心安排，道教神灵体系井然有序：上天有玉清、上清、太清三大仙境，这是道教修行中的最高境界，又称"三清"。故在道观中最重要的大殿是为三清殿，殿内供奉着三清天神，也就是我们从小常从父辈口中听到的"玉清元始天尊"、"上清灵宝天尊"和"太清太上老君"诸神。除此之外，道观中还设有三官殿，内供天官、地官、水官。在道教的神仙体系中，这三官即为尧、舜、禹三位圣王。据道教经典，天官主赐福，地官主赦罪，水官主解厄，缺一不可。此外，道观中最常见到的神祇，还有张天师、吕洞宾、王重阳、张紫阳、汉钟离、丘处机、张三丰等仙人，以及各种山神、土地、城隍、财神、灵官、灶王、真武帝君等神。至于东华帝君、东岳大帝、碧霞元君等这些我们熟知的神祇，在道教中属于山神系统。而我们在各种媒体中耳熟能详的八仙——铁拐李、汉钟离、张果老、何仙姑、蓝采和、吕洞宾、韩湘子、曹国舅等则是人神参半的仙真，其中汉钟离、吕洞宾等是作为道教始祖的身份出现在八仙之中。由此我们可以看出道教体系的杂芜以及典型的中国特色。

不过，在某种程度上，天上的神阶就是地上人间等级制度的反映。这一神祇体系既然是由生活在门阀士族等级制度盛行的东晋人陶弘景所编制出来的，就不能不反映那个时代的特点。换句话讲，陶弘景用以编制神阶的模型，就是魏晋南北朝门阀士族等级制度。对于这一点，陶弘景倒也不避讳，他自己在《真灵位业图》的序中就公开声明，他是通过"搜访人纲，究朝班之品序，研综天经，测真灵之阶业"，故"今正当比类经正，雠校仪服，埒其高卑，区其宫域"。也就是说，他是根据人间世界的"朝班之品序"来排列神仙世界"真灵之阶业"。

这些品第各有等差的众多神祇，被有序地安置在特定的地理空间，所谓的神山圣地，以使他们能顺利地执掌神职，铃辖众生。这些神山圣地大多选择在地势高耸、景色秀丽之地，诸如五岳中的东岳泰山、中岳嵩山这些以山势险峻著称的山峦。还有一些地理位置独特、风光旖旎的山峰，如浙江南部的天台山和湖北北部的武当山也被选为道教圣地。不过，道教圣地中更多的是那些与道教发展有着密切关系的山峦，如四川的青城山、陕西的终南山、江西的龙虎山和江苏的三茅山等。其中，江西的龙虎山，作为统领南方正一道的中心机构所在地，已有一千多年的历史，是理所当然的道教圣地。在确定这些道教圣地的同时，陶弘景还特别为这些神仙们借以栖身的地方，起了一个好听的名字——"洞天福地"。在道教的仙山体系中，号称有三十六洞天，七十二福地，由此可见道教圣地的数量之多。

在数量可观的道教圣地中，道教徒为敬拜神灵、修真养性，往往建造众多宫观。这些道观中若有著名道人修真，甚至著书立说，其声名自然与一般宫观不同。它们与圣山一起成为道教中洞天福地的重要组成部分，构成中国道教地理体系。

将长生成仙作为最高目标的道教，自然要求它的信众离世绝俗进行修炼和祀神，因此早期道士多在山中独处修行。后来随着时间的推移，与宗教仪式的日益繁复，这一做法开始有了变化：先在山林野外，逐渐出现了专供道士进行宗教活动和祀神的处所，这种处所后世通称"宫观"。随后，由于一些道士热衷于政治活动以及传教，道观也出现在城市里。当然，随着宫观的发展，规范与约束道士言行的戒律也同步建立和完善起来。道教宫观制度的建立及戒律制度的基本完善，在一定程度上也标志着道教进入了成熟的阶段。

据正史记载，最早的道观是出现在南北朝初期的刘宋时代。比如，陆修静就于刘宋大明五年（461）在江西庐山首次建馆，这个宫馆后来名为"简寂观"；南齐高帝萧道成（479—482）在剡县专门为褚伯玉立太平馆，又在茅山为薛彪之建金陵馆、为蒋负刍建宗阳馆（或崇阳馆）。不过，道教著作将道观出现的时间提前到三国吴时。《历代崇道记》中载，吴主孙权于天台山造桐柏观，命葛玄居之；于富春造崇福观，以奉亲也；于建业造兴国观，于茅山造景阳观、都造观三十九所，度道士八百人。

但不管首创于何时，道观的修建风气一开，立即流行开来。至南朝梁、陈时代，所建馆、观更多，如梁武帝萧衍在茅山先为陶弘景立朱阳馆，再为许翙玄孙许灵真立嗣真馆。后来又为张天师张道陵的十二世孙张裕在虞山（江苏常熟西北）建招真馆。

同一时期，北朝的道馆也不少，北齐文宣帝高洋在《问沙汰释李诏》中就说过，"馆舍盈于山薮，伽蓝遍于州郡"，以至于"缁衣之众，参半于平俗；黄服之徒，数过于正户"。而我们现在熟知的华山云台观，长安玄都观、通道观等在北周时都已是有名道观了。

道观并不都是由帝王敕建，更多的实际上是由私人捐资修建。而这些凭借多种渠道建立起来的道馆，很多都拥有自己的地产，用来作为道士的生活之资。当然，这些地产的来源，或为帝王所赐，或为富室所捐。比如，《南岳小录》中引录了一段隋人曹宪所撰写的碑文，里面就记录了梁天监二年（503）道士周静真在修葺衡岳观时，梁武帝萧衍赐给此观三百户庄田作为基业的故事。而陶弘景曾在自述中讲道，他在茅山的道馆，拥有田产十余顷，耕种者则是隐居在馆中的门人。除了田产外，有些帝王还常常赐给道观力役和馆户使用，陶弘景在离开京城建康返回茅山时，南齐的宜都王除了赠送他裘皮和宝镜之外，还送给他役使的山吏数人，而武陵王等人也同时派人役帮着陶氏经纪道观的财产。

作为正式的宗教场所，道馆的建筑样式与营造格局当然就比非正式的汉、靖、庐有了更完善的形式。为此，道教中有专门的道观营造法式——《洞玄灵宝三洞奉道科戒营始》卷一《置观品》。在这本书中，详细记载了营造道馆的各种规定。在此我们稍赘几句，可以对道观的形式有一个基本的了解。

从原则上讲，道观是洞天福地的替身，因此道观的修建是仿照天宫中神仙们所居住的殿堂营造的，"法彼上天，置兹灵观"。只是天上的三清上境或十洲五岳等名山洞天的仙人住处，"或结气为楼阁堂殿，或聚云成台榭宫房，或处星辰日月之门，或居烟云霞霄之内，或自然化出，或神力造成，或累劫营修，或一时建立。其或蓬莱、方丈、圆峤、瀛洲、平圃、阆风、昆仑、玄圃，或玉楼十二，金阙三千，万号千名，不可得数。皆天尊太上化迹，圣真仙品都治，备列诸经，不复详载。必使人天归望，贤愚异域。所以法彼上天，置兹灵观。"（《洞玄灵宝三洞奉道科戒营始》卷一《置观品》）而人世间的道观却只能是人力所为。不过，既然道馆是师法上天仙居，在营造上就不能没有规矩："既为福地，即是仙居，布设方所，各有轨制。"在道教典籍中，规定了有六种建筑需要帝王捐资营建，或宰臣修创，用以度道士、女冠住持供养，这就是：一者山门，二者城郭，三者宫掖，四者村落，五者孤迥，六者依人。而对于道观中的其他建筑，这里也有讲究：要有天尊殿，天尊讲经堂，说法院，经楼，钟阁，师房，步廊，轩廊，门楼，门屋，玄坛，斋堂，斋厨，写经坊，校经堂，演经堂，薰经堂，浴堂，烧香院，升遐院，受道院，精思院，净人坊，骡马坊，车牛坊，俗客坊，十方客坊，碾硙坊，寻真台，炼气台，祈真台，合药堂等，把道士进行宗教活动的场所和生活场所都一一作了安排。不过，这些殿堂楼阁不要求一时皆备，而是"在时修建，大小宽窄，壮丽质朴，各任力所营"。总算是可以通融，否则穷乡僻壤之地如何有财力修建道观呢。

道观中的主持者也叫住持，即"久住护持"的意思。不过，我们一般将道士尊称为"道长"。另有一些雅称，比如"高功"用以称呼那些比较熟悉经书的道士。但文献中更常用的称呼是"黄冠""羽客"，前一种称呼是因为早期的太平道崇尚黄色，以至于后来的道士多着黄色巾冠；后一种称呼则源于道士们追求羽化飞天修行的最高目标。对于修行的女道士，人们一般就简单地尊为"女冠"，或俗称"道姑"。

受中国传统文化中的现实主义影响，道教主张"重人贵生"的理念，鼓励信徒经营自己的世俗生活，采取积极入世的态度。因此，与佛教崇尚遁入空门、远离俗世不同，道教并不主张信徒脱离社会、断绝社会关系。只是道教中不同的流派对入世的理解也有不同，比如全真道主张炼丹飞仙、遵守戒律，不能结婚、不食荤腥，故需要修建宫观作为信徒修行的场所；而天师道以"祛魔""祈福"为目标，信徒不仅可以结婚，拥有正常的家庭生活，而且还积极参与主持世俗各种婚丧礼仪，故虽建有宫观，但只不过是信徒敬拜神祇之所。在中国各地乡村，还有一种名为"火居道士"的修行者，他们平时在家有自己的生计，日常起居亦与普通人无异，只有在乡村举行各种婚丧仪礼时，他们主持祭拜神灵，为主家禳祸祈福。因而虽然他们并无道观可居，但在普通百姓的精神生活中扮演着重要的角色。

这遍布神州的洞天、福地，其分布与形成都与道教发展的历程息息相关，故而我们选取九个有代表性的洞天福地，试图通过它们反映道教的形成与发展，从中透视道教这一本土宗教对中国人精神文化生活的作用和影响。

壹

祭天告成与封禅泰山

雄峙华北平原东部，位于今山东省中部的泰山，横亘济南、长清、历城、泰安等县市，方圆四百多平方公里。这里曾是我国古代文化最发达的地区。泰山主峰高约1560米，虽然在我国众多的高山中并不突出，但因为它在相对低平的山东半岛上拔地而起，远望尽显高峻雄奇，加之这一地区又是早期道教兴起的地方，因此，泰山很自然地成为道教中的五岳之首，名列三十六洞天中的第二洞天。

　　泰山在早期道教发展史中一直占据着较为重要的地位，是与道教思想的主要来源黄老道和方仙道发源于齐鲁地区有直接的关系。

战国时期,地处山东半岛的齐国农业发达,并坐拥渔盐之利,经济繁荣,学术兴盛,形成了历史上赫赫有名的"稷下学派"。他们习得黄老道德之术,发明旨意,颇有新见,因此被尊为"稷下黄老学派"。这一学派历经秦汉之际的战乱,一直流传到汉初。与此同时,兴起于燕齐滨海地带的方士文化,以神山仙人之说为主旨,饰以阴阳五行之学。这一文化在秦汉之际达到高峰。好大喜功的秦始皇、汉武帝都曾在其诱导下多次派方士大规模入海求仙,以求长生不老之药。

作为这一地区的最高点,泰山成为人神交通的最佳之选。如曾向汉武帝声称与仙人有交往的五利将军栾大,明白入海求仙人不可为之,只得谎称在泰山祠山神时遇见了师傅,因此想逃避去东海求仙的任务。此事最终败露,栾大也被诛杀,但是,泰山的宗教地位由此可见一斑。

不过,在早期道教史中,泰山的尊崇地位主要表现在告成于天的封禅大礼上。关于封禅,秦汉时期的《白虎通》有详细的记载："王者易姓而起，必升封泰山。何？教告之义，始受命之时，改制应天，天下太平，功成封禅，以告太平也。所以必于泰山何？因高告高，顺其类也。"这段话称，泰山是因为地形高峻，所以成为历代圣人告成于天的必选。但顾颉刚先生在《秦汉时期的方士与儒生》一书中指出，泰山之所以成为祭祀上帝的首选，完全是因为春秋战国时期的文化中心在齐鲁地区。所以，到了秦始皇时，他虽以武力一统六合，但文化上不占优势，不得不仰仗文化更为发达的齐鲁地区。此外，"稷下学派"的齐人邹衍所创的"五德终始说"，提出了国家政权改易多依木、火、土、金、水五行的轮转。这一"君权神授"的受命说，也颇合秦始皇的心意。因此，到泰山封禅，告成于天，秦始皇以此强调秦灭六国乃其天命所归。加之，燕齐方士又附会封禅泰山可致长生不老。就这样，秦始皇在燕齐方士的撺掇下，成为有文字记载的第一位封禅之君。只是始皇帝封禅泰山后，在下山途中遇暴风雨，被燕齐方士和儒生视为不祥之兆，后秦二世而亡，被归因于秦始皇无德而用事所致。

汉武帝亦循前代故事，到泰山封禅达七次之多。武帝时，汉帝国建立已有六十余年，天下艾安，众儒士希望通过天子封禅改正度。故齐方士公孙卿就利用在洛水中获得宝鼎之事向武帝上书，声称封禅泰山可以成仙，因为历史上只有在泰山封禅的黄帝能与神仙交通，最终得以飞升成仙。汉武帝不禁心向往之，"吾诚得如黄帝，吾视去妻子如脱躧耳"。于是，汉武帝东巡海上，封禅泰山。

秦皇汉武借受命之由封禅泰山，除了祭天告成的意味外，更主要是因为齐鲁故地文化底蕴深厚，在秦汉之际可形成与朝廷所在的关中地区相抗衡的力量。这是秦汉统治者不得不考虑的问题，因而需要通过封禅泰山取得关东旧族的支持。关东士人则透过宣扬统治者在泰山封禅，强调其文化优越性。由泰山封禅可以透视出秦汉时期中国政治地理与文化地理的紧张关系。

虽然泰山是唯一一处皇帝可以祭祀上天的地方，但可惜的是，这样的封禅大典必须是功高盖世的有道之君方可举行，否则，封禅不但不能得到上天的祝福，反而会招致灾祸，贻笑天下，秦始皇正是如此。所以一般皇帝对封禅多持谨慎态度。如唐太宗在贞观年间（627—649），也欲东巡举行功成告天的封禅大典。不料有彗星出现，太史令薛颐因而上言，声称："考诸玄象，恐未可东封。"唐太宗不得不中止封禅，此后再没有轻易去举行封禅大典，只是不断派遣道士醮祀泰山神。

道教在东汉以后，开始有所谓的泰山神（称泰山君或泰山府君）和北斗主管鬼魂之说。不过，最早明确地记载泰山道教产生的是在《晋书》卷九十四《隐逸传》中。此书讲到晋代道士张忠因"永嘉之乱"，隐于泰山。据说这位张忠先生"恬静寡欲，清虚服气，餐芝饵石，修导养成之法"。张忠在泰山的崇岩幽谷之中凿地为窟室，生活清简。他的弟子也在离他的洞窟不远的地方凿洞穴居。张忠最特别的是，教弟子以形而不用言，所以弟子受业是每五日一朝，观形而退。前秦的苻坚曾派人请张忠到长安讲道，并劝他出任高官，但被他婉言拒绝，苻坚只好将他送回。张忠到达华山脚下时叹气说："我一个东岳的道士，却没于西岳，这也是命啊！"果然，等他抵达潼关时就去世了。苻坚闻讯十分不安，再派黄门郎韦华持节策马，以太牢祭祀张忠，并谥为"安道先生"。北朝时期，泰山是众多修道之士的必游之地，如北齐琅邪人由吾道荣，他从年少时就喜好道法，成年后与同好道术的朋友相伴隐居在泰山修习。

北魏著名的地理学家郦道元在《水经注》中记载，当时泰山上已有庙宇，名为"岱岳庙"。分为下、中、上三座。显然这应该还只是上古山神崇拜的遗留，修建的时间距离郦道元的时代已十分久远。

唐王朝及其随后的宋王朝是泰山道教大发展的时期，现存的泰山宫观大多肇始于此时。唐代大诗人刘禹锡在《送东岳张炼师》一诗中，就讲述了一位泰山道士的故事："东岳真人张炼师，高情淡雅世间稀。堪为烈女书青简，久事元君住翠微。金缕机中织锦字，玉清坛上着霓衣。云衢不用吹箫伴，祇拟乘鸾独自归。"由此可见泰山道观之壮丽。这一时期，泰山上陆续建起了青帝观、王母池、升元观、碧霞元君祠、玉帝观、会真宫等大型道观，并且将这种兴旺发达的局面一直维持到一千余年后的明清时期。

正因为历代帝王在此举行过封禅大典或祭祀过东岳大帝,坐落在泰安城内西北角的岱岳庙,地位非同一般。这本是泰山三庙的中庙,唐太宗虽未封禅泰山,却将此庙改称为"岱岳观",以示李唐王朝与道教之间的亲密关系。不过,当地的百姓好像并不喜欢文绉绉的"岱岳观"这个称呼,而是直接叫"老君堂"。

岱岳观规模宏大,总面积近万平方米,整座建筑仿效皇家宫殿,也有一条南北向的中轴线,殿宇皆为红墙黄瓦,显示了庄严至尊的气魄,就连周围修筑的十米高的城堞也颇有派头。不过,由于岱岳观北倚泰山,南向平原,北高南低,所以形成了山庙一体、错落有致的景观,完全没有皇室宫殿建筑的刻板与呆滞。

在道教史上,岱岳观可以说是历代帝王与道士相互利用的重要场所。就连以佞佛著称的武则天也多次委派道士到这里投龙作功德:如天授二年(691),中岳嵩山金台观主马元贞于此观为武则天行道、章醮、投龙,作功德一十二日夜。并奉敕在岱岳观造元始天尊的石像,由二真人夹侍;随后又在万岁通天二年(697)、圣历元年（698）、久视元年（700）在岱岳观做过同样的斋醮。武则天的儿子唐中宗继承了他母亲的做法，也多次派遣道士到泰山为他和皇后韦氏章醮建斋：神龙元年（705），中宗命大历道观法师阮孝波，道士刘思礼，品官杨嘉福、李立本等在岱岳观建金箓宝斋，做道场九日九夜并设醮投龙，同时还用本命镇彩等物为皇帝皇后造历真万福天尊石像。同样的斋醮在景龙二年（708）又举行过一次。由此可见，岱岳观已成为李唐皇室尊崇道教的一个标志性建筑。

道教建筑基本上是出色地体现了中国文化的特点，即兼容并蓄。因此，在道教建筑群中，我们常常可以看到一些毫不相干的内容混搭在一起，泰山的道观也同样。在道教典籍中，西王母居住在西边的昆仑山，但在岳宗坊北的中溪谷口，我们发现了王母池。正如其名，这是一座专门供奉西王母的宫观，古称"群玉庵"，应该属于泰山内较为古老的道观。

在东岳泰山上，著名的道观还有一座，这就是大名鼎鼎的碧霞祠。碧霞祠位于岱顶天街和大观峰之间，西有观星台，东通仙人桥，南为狮子峰，上达玉皇顶，位置绝佳。祠中供奉的是泰山娘娘碧霞元君。女性山神反映出这一信仰应该非常古老，只是起于何时文献阙载。现在的碧霞祠兴建于宋真宗大中祥符二年（1009）。起初称为"昭真祠"，金代改为"昭真观"，现在的名称是明朝弘治年间（1488—1505）改定，不过当时叫作"碧霞灵应宫"，直到清代乾隆三十五年（1770）再一次重修，才改称为"碧霞祠"。

碧霞祠可谓泰山上最宏伟壮丽的建筑群，虽然面积小于岱宗观，只有3900平方米左右。整个祠观由大殿、香亭等十二座大型建筑物构成。大殿内供奉着碧霞元君的贴金铜坐像，凤冠霞帔，安详端庄。大殿左右的东、西配殿分别祭祀着眼光娘娘和送子娘娘。在东、西配殿之间还有一座香亭，这也是用来祭祀碧霞元君的。事实上，碧霞祠内的大殿很少开启，只有帝王重臣才有资格进入大殿祭拜元君，而普通百姓只能在香亭中求祷泰山娘娘保佑自己与家人平安吉祥。显然，即使是神仙也摆脱不了俗世的等级差别。

贰 北魏寇谦之与中岳嵩山

中岳嵩山位于今河南省登封县境内，历史文献中常常以嵩高山名之。嵩山由太室山和少室山组成，位于东边的太室山逶迤绵延如龙眠，西部的少室山奇秀挺拔若凤舞。太室山与少室山各有三十六峰，素称"嵩山七十二峰"。道教典籍中，嵩山为三十六洞天中的第六洞天。

因地处中原，靠近早期都城洛阳的缘故，嵩山道迹甚多。而最早关于嵩山道教的故事，可上溯到周灵王太子晋被道人浮丘公接上嵩山的时候。今太室山西有子晋峰，便是这故事的遗存。早期著名的道士，如东汉的张陵、曹魏的左慈与西晋的鲍靓，都曾在嵩山深处修道养性。"晋人鲍靓,学道于嵩高,以惠帝永康二年(301)于刘君石室清斋,忽有《三皇文》刊石成字,乃依经以四百尺绢告玄而受,后亦授葛洪。"(《云笈七签》卷六)

但在嵩山修道最著名者是北魏天师道大师寇谦之。但这一故事要从天师道北传说起。

早在三国时期,张鲁在汉中创建政教合一的五斗米道,后来他归降曹操北上后,与官方建立起合作关系,改名换姓,自称"天师道"。改变出身后的天师道,从此成为统治阶级精神生活的重要组成部分,在兵荒马乱的三国时期获得了发展的良机。西晋时,北方一些士族大家大多信奉之,如琅邪王氏、兰陵萧氏、高平郗氏、清河崔氏、京兆韦氏等都是天师道的信徒。西晋短暂的统一后,随即永嘉年间发生的"八王之乱"导致了北方民族大规模入居中原。中原残破,人口大规模南迁,继之南北分裂局面形成。连年的战乱给道教发展带来了更多的机会:人们需要通过信奉超自然的力量宽解无常的命运,同时也借助宗教组织相互扶持,以应对兵荒马乱的局势。因此,在南北方的政权稳定后,道教也开始成规模地发展起来。

然而,南北朝时期社会矛盾极为突出,南北方都有人以道教为名起事。只是因南北方的社会结构不同,起事者的托言也就有所差别:北方的汉族不满少数民族的统治,所托言的"老君治世",显然带有强烈的民族情绪;南方是外来士族和土著士族之间在利益分配上产生矛盾。但不管如何,从东汉末年到东晋末期,在短短两百年的时间里,以道教名义组织的起事如此之多,迫使统治者不得不思考,以找出应对的良策。

魏晋的统治者大多是以镇压黄巾军起家的,黄巾起义对东汉统治根基的危害以及带来的生灵涂炭,他们自然记忆犹新。因此,从魏晋起,当政者即对道教采取以限制甚或镇压为主,以改造和利用为辅的政策。限制与镇压当然是针对那些继续活动于底层民众,对社会稳定造成潜在威胁的民间道教组织;改造与利用,则面对那批加入道教组织的士族知识分子,已官方化了的道教组织。同时,皈依道教的上层人士也意识到与统治者为敌对道教发展所带来的危害,更不愿意看到道教为流民所利用。因此，他们决定按照自己对教义的理解重新改造道教。其中对道教进行系统改造，并产生深远影响的，在北朝就是北魏的寇谦之。而寇氏在道教上的主要成就是在嵩山完成的。

寇谦之很早即信奉天师道。据《魏书·释老志》称，寇谦之先从仙人成公兴，在华山学道，后再到嵩山修真七年。据说成公兴根据多年对寇谦之的观察，曾经评价他："先生未便得仙，政可为帝王师耳！"显然成公兴早已看出，寇谦之并非那种自甘寂寞的隐遁之士，而是具有强烈政治欲望，欲作"帝王师"的人物。成公兴与寇谦之共事七年后去世。成公兴死后，虽然寇谦之立志隐居嵩岳，对道业精专不懈，不过正如成公兴所言，他已开始积极地改革天师道、为"帝王师"做准备工作了。

寇谦之为他出山所做的第一件事，就是制造了一个太上老君授予他天师之位的神话：北魏明元帝神瑞二年（415），太上老君降临嵩山，对寇谦之宣称，自从天师张陵去世以来，天师道中缺少有才能的人，修善之人无师可从。而寇谦之自从隐居嵩山以来，各路神仙一直在观察他的所行所言，认为他的行为符合自然之法，又有旷世之才堪以大任，故授以天师之位。老君同时教导寇谦之要专以礼度为首，加之以服食闭炼。老君还传授给寇谦之服气导引等法术。自此，寇谦之遂得辟谷之法，气盛体轻，颜色殊丽。而他的弟子十余人，亦尽传其法术。

就在这次与寇谦之会面的同时，太上老君传授《云中音诵新科之诫》二十卷给寇谦之，要他宣此《新科》，清整道教，除去当时较为混乱的三张伪法、租米钱税以及男女合气之术。这个故事在杜光庭的《神仙感遇传》中还有后续："李筌，号达观子，居少室山，好神仙之道，常历名山，博采方术。至嵩山虎口岩，得《黄帝阴符》本，绢素书，朱漆轴，缄以玉匣。题云：'大魏真君一年七月七日，上清道士寇谦之藏诸名山，用传同好。'其本糜烂，筌抄读数千遍，竟不晓其义。"（杜光庭《神仙感遇传》卷一）杜光庭讲这个故事意在表明，寇氏所言并非虚构。但事实上，寇谦之制造这个神话目的是为他出山改革天师道制造舆论。

除了大造舆论，寇谦之还投靠当时正得北魏太武帝宠信的大臣崔浩。崔浩虽得太武帝信任，但作为一个汉人，在鲜卑族贵族中并不得势，他也欲借寇谦之的宗教力量整顿朝纲。两人一拍即合。崔浩向魏太武帝推荐寇谦之后，太武帝派使者带着玉帛牧牢，祭奠嵩岳，并迎接寇谦之留在山中的弟子到洛阳以辅佐朝政："（魏）世祖欣然，乃使谒者奉玉帛牧牢，祭嵩岳，迎致（寇谦之）其余弟子在山中者。于是崇奉天师，显扬新法，宣布天下，道业大行。"（《魏书·释老志》）

借助皇帝的支持，寇谦之开始放手改革北方天师道，宣扬新科，昭示天下。寇谦之清整改革道教的总纲，一是废除带有草根性质的五斗米道推行的米税与男女合气之术，创建符合礼制的大道清虚"新科"，仅以服食闭炼达修身养性之功。可见，这次道教内部的改革，实际上是将道教儒家化，声称通过辅佐太平真君实现天下太平，其目的当然是维持统治秩序。也就是说，寇谦之的道教改革走的是用戒律轨仪将原有草根性质的天师道进行组织整顿与思想清理的路线。特别是寇谦之对天师道改革的要点在于革除了早期道教与国家争租税的弊端，这就为天师道进入国家秩序、为统治者所接纳和容忍扫清了道路。自此,天师道的势力因此在北朝得到了迅速扩张,嵩山在道教中的地位更是如日中天。

隋唐时期,洛阳是为东都。凭借近水楼台,中岳嵩山也就进入一个道教兴旺发达的时期。大批道士居此修行,产生不少高道。如上清派宗师潘师正、刘道合、田游岩、吴筠、司马承祯、李含光、王希夷等都曾隐居于嵩山,使嵩山地位不断上升。茅山宗十二代宗师司马承祯,少好学,不愿为小吏,二十一岁时度为道士,师事潘师正。潘氏当时隐居嵩山,司马承祯就是在嵩山尽传其符箓及辟谷导引服饵之术,并获时名。武则天闻知后,召司马承祯到东都洛阳传道。所以,在嵩山隐居修道之士,大多是有些政治抱负的。

宋元时代起中岳嵩山的地位开始下降,但仍有道士许昌龄、贺兰栖真、乔志高等入居修行。明清以后嵩山的道教渐趋式微,不再有高道出现。这一方面与正一道的根据地在南方,而全真道又倾向于民间有很大关系。但国都地位的丧失也是原因之一。

据北魏郦道元《水经注》中记载，嵩山上有嵩岳庙，这是最早见于记载的嵩山道观。隋唐时期是嵩山道教最兴盛的时期，也是宫观大规模修建的时期：大业年间（605—617），隋炀帝因嵩山道士潘诞合炼金丹，为之作嵩阳观。当时，嵩阳观有华屋数百间，并有童男童女各一百二十人给潘诞充当役使，成为当时嵩山最为壮观的道观。唐高宗时，又先后建有崇唐观、太一观、奉天宫等宫观，道观开始形成规模。其中，崇唐观是唐高宗李治为潘师正所建。当时潘师正在嵩山逍遥谷修炼。高宗幸东都时召见他，相谈甚欢。高宗询问潘师正有什么要求？潘师正答道："茂松清泉，臣所需也，既不乏矣。"李治闻后更加敬重潘氏，诏令在嵩山为他修建崇唐观以居之。后来，唐高宗在嵩山上营造奉天宫时，特意令在潘师正所居的逍遥谷口为其做一门，题为"仙游"。太一观是因为高宗闻刘道合有道术，便诏令在刘氏隐居之地修建太一观，供其修真。宋元间，嵩山上再增建紫虚观、天封观、承天宫、长春庵等宫观。明清以后，除了中岳庙受到统治者的重视，多次重修外，其他宫观大都倾圮，湮没无存。

位于太室山南麓黄盖峰下的中岳庙，原称"太室祠"，创建于秦代，与华山的西岳庙一样，都是更早的山川崇拜的遗迹，不过后来被纳入道教的神祇体系中。北魏太延元年（435）改太室祠为嵩岳庙，成为正式的道教宫观。现在的中岳庙建筑是清乾隆年间仿北京皇宫布局重修。

中岳庙坐北朝南，地势由低到高。整个建筑沿中轴线从南向北依次为中华门、遥参亭、中天阁、配天作镇坊、崇圣门、化三门、峻极门、嵩高峻极坊、中岳大殿、寝宫、御书楼，共有十一进、四百余间明清建筑。整座建筑的结构与衡山南岳庙相同，但比南岳庙规格稍高，多出二进院落。另外，在中岳庙的东路和西路，还分别建有太尉宫、火神宫、祖师宫、小楼宫、神州宫和龙王殿等单独构成的小院落。

峻极门是中岳庙中心院落的大门，大门两侧塑有手执金瓜斧钺的将军神像，民间因此称为"将军门"。进了峻极门向北，便是由清康熙皇帝题款的嵩高峻极坊。坊身四柱三楼，黄色琉璃瓦覆顶，算得上是清代建筑的精品。

北过拜台便为中岳庙的正殿中岳大殿。中岳大殿，又名"峻极殿"，仿自北京皇宫内的太和殿。大殿面阔九间，进深五间，重檐庑殿顶，几乎是清代除了紫禁城太和殿之外规格最高的建筑了。不仅如此，其殿上覆黄色琉璃瓦，椽飞斗拱，梁枋天花，用的是清代最尊贵的和玺彩画。殿内正中神龛内是高五米的中岳大帝塑像，两旁分列镇殿将军方弼、方相的塑像。

再往前依次是供奉天中王及天灵妃的寝殿和供奉玉皇大帝的黄箓殿。据说当年明万历皇帝曾在此藏有道经，故也称为"御书楼"。再向北，则是可登高览胜的黄盖亭。黄盖亭得名于黄盖峰。相传汉武帝游嵩山，登临此峰时以黄伞遮掩，故名为"黄盖峰"。登临黄盖亭，中岳庙全景尽收眼底，更见其幽美、清静。

中岳庙内的名胜、文物众多。崇圣门后的东亭为古神库亭，神库四周站立着四个威武雄壮、高达2.5米的巨大铁人。据说，这四个铁人是宋代抗击金兵的四位道人羽化而成。另外，在化三门后的四角亭内，存有北魏所刻的《中岳嵩高灵庙碑》，字体介于隶楷之间，古拙雄浑，是研究魏体书法的珍贵文本。在峻极门北的走廊内藏有著名的《五岳真形图碑》。此《五岳真形图碑》颇有来历。传说汉代道人鲁女生采药于嵩高山，一日见一妇人坐于山涧中。鲁女生知道此妇人绝非凡人，故乞求妇人赐他长生之术。此妇人说，她本是三天太上的侍官，因鲁女生有得仙之机缘方可以遇见她。于是妇人授予鲁女生这部据说可以威制五岳、役使众神的宝文秘要——《五岳真形图》，并告诫他要施用节度。鲁女生获此图后而道成。后鲁氏告别亲故遁入华山，并以此图传给蓟子训。

位于太室山万岁峰下的崇福宫，原为汉武帝元封元年（公元前110年）登嵩山后兴建的，当时称为"万岁观"。唐高宗时更名为"太乙观"，宋真宗时更名为"崇福宫"，并对此观进行大规模的重建，修建了元神殿和本命殿。大约在宋仁宗天圣年间（1023—1031），崇福宫内有房屋一千余间，颇为兴盛，成为宋皇室祈福的重要场所。北宋末年，崇福宫毁于兵火。后虽多次修复，但终因明末以后道教在嵩山地区全面衰落，崇福宫兴盛不再，现存仅有清代建筑数十间、清代碑刻四通而已。

太室山南麓金壶峰下的老君洞，是唐代著名道士潘师正所开，正位于逍遥谷北山脊上。唐以后，历代道士不断修凿，最终形成一处颇具规模的道观。该道院为一个三进的院落：前有山门，房三架，为悬山式建筑。中部的无极洞是当年潘师正隐居的地方，仅高2米，宽3米，深4米，相当局促。内供奉着潘师正、太极、无极老母的塑像。太极洞上面建有一处砖木结构的殿房，里内供着太极、皇极塑像，两侧的山墙上绘有彩色的壁画。无极洞外左右两侧分别是8米高的金钟楼和玉鼓楼，为清代创建。老君洞后还有万福洞、火光洞、千佛洞等洞窟。最后一进是为无极老母殿。殿面阔三间，黄色的琉璃瓦覆顶，内供无极老母像。这里最值得注意的，是殿内的两根盘龙木柱，工艺十分精湛。整个道院布局紧凑，空间设计别具一格，加之群山环峙，怪石林立，秀丽典雅。

叁 终南捷径与洞天之冠

终南山，又名"太一山"，位于秦岭山脉中部，西起陕西武功，东至蓝田。它在史籍中又有地肺山、中南山、周南山等多种称谓，亦简称为"南山"。主峰太白山，位于今陕西周至县境内，海拔3661米，为秦岭的最高峰。终南山因千峰耸立，群山叠翠，景色幽静，素有"仙都"之誉。不过，终南山作为道教中的洞天之冠，被称"天下第一福地"，却是与它地近关中平原，临近政治中心有着密切的关系。

终南山被视为道教发祥地之一。道教中最著名的传说就发生在这里：春秋时，天水人尹喜，虽为周康王朝中的大夫，官至东宫宾友，却常在终南山中结草为楼，每日登草楼观星望气。一日忽见紫气东来，吉星西行，他便知必有圣人经函谷关西去，于是求为函谷关令以候圣人。不久，只见一位老者骑青牛而至，原来是老子西游入秦。尹喜连忙把老子请到楼观，执弟子礼，说："先生将隐，一定要为我留下一部著作。"听到此言，老子亦知尹喜非常人。于是应其所求，在楼南的高岗上为尹喜传授了《道德经》五千言，然后飘然而去。传说今天终南山下的楼观台、说经台就是当年老子讲经之处。后来又有传说，关尹从老子西去流沙，没有人知道他们的归宿。在先秦的典籍《庄子·天下》篇中确实将老子与关尹相提并论，称之为"古之博大真人"。而在《道藏》中，关尹后来得道成仙，号"文始先生"，证位为无上真人，玉清上相，为"天府四相"之一。元顺帝至元三年还加封为文始尹真人，无上太初博文文始真君，地位崇高。

秦汉时期，楼观主要祭祀老子，建有老子祠。魏晋南北朝时期，北方道教十分兴盛，名道云集楼观，增修殿宇，创立新说，开创了楼观道派，对后世的道教影响极为深远。如在北朝时声名远扬的道士王嘉就曾隐居于终南山内。王嘉为陇西安阳人，号称不食五谷，清虚服气，还能预知吉凶，并有隐形之术。他是在石季龙末年来到长安，潜隐于终南山中，结庵庐而居。当时的好尚之士无不以师尊之。凡是询问当世之事的，王嘉大多能随问而对。据称，苻坚在"淝水之战"之前曾派遣使者向王嘉询问祸福。王嘉答复说："金刚火强。"之后骑上使者的马，端正衣冠，先是缓慢地向东行数百步，继而再纵马急驰而回，一边策马一边扔下衣服、摘掉帽子、脱去鞋子。下马后盘踞在床上一言不发。其意为苻坚大败而还。但使者将王嘉的表演告诉苻坚时，苻坚并没有悟出其意，反而再派人追问："国运如何？"王嘉答以"未殃"。苻坚误以为没有什么大事，非常高兴。第二年，苻坚大败于寿春，前秦遂亡。这才知道王嘉所说是"殃"在未年，而以秦居西为金，晋都南为火，故所指实为"火能炼金"。而王嘉的表演也实为"淝水之战"中前秦军队的实况。当然这样的故事在道教中颇为多见，事实如何却无从知之。

在北朝统治者的大力扶植下，以终南山为活动中心，得名于盩厔县楼观台的楼观道，继北魏寇谦之的新天师道之后，在北方兴起。经过数十年的发展，北周时进入鼎盛时期。实际上，楼观道后来历隋至唐，一直都是北方道教各派中最大的派别。有许多道士慕名入终南山学道修真。如道士王延于西魏大统三年（537）入道，师从陈宝炽于楼观台。后来北周武帝下诏废佛时，特建立通道观，命王延在观内校雠《三洞经图》八十余卷。后王延又作《三洞珠囊》七卷，存于通道观内。而与王延差不多同时，孙思邈也因王室多故，在北周宣帝时（579）隐于太白山。孙思邈一生中著述颇丰，自注《老子》、《庄子》，撰《千金方》三十卷、《福禄论》三卷、《摄生真录》及《枕中素书》、《会三教论》各一卷。另外，还有《摄养枕中方》、《太清丹经要诀》、《神仙修养法》、《黄帝神灶经》、《烧炼秘诀》、《龙虎论》、《医家要妙》、《千金养生论》一卷、《养性杂录》一卷、《枕中记》一卷、《气诀》一卷等著作。不过，这些著作大部分已亡佚，留下的则成为我国中医药学的宝藏。

唐代以关中为都，而唐室又以老子为圣祖，极力尊崇道教，相传在老子留下五千言《道德经》的终南山，修建了规模宏大的宗圣宫。而在唐代各帝中，又以玄宗李隆基最为崇道，《旧唐书·礼仪志》记载："玄宗御极多年，尚长生轻举之术。"玄宗还在兴庆宫内的大同殿专门设立太上老君的画像，每至中夜夙兴，焚香礼拜。他还常常令道士、中官一起醮祭天下名山。更为夸张的是，玄宗为了表明他尊崇道教的信仰，还亲自导演了一出玄元皇帝降临的活报剧。

开元二十九年（741）四月的一天，玄宗对宰相牛仙客、李林甫等人说："自从我登基以来，这三十年中每日早起，向太上老君的画像礼拜，目的是为百姓祈福。大概在十日前，我礼拜完毕，这时天色未明，我端坐在画像前闭目静思，似乎睡着了。忽然，只见老君就站立在我面前说：'我是你的远祖，在京城西南一百余里的地方藏有我一个大约三尺多高的塑像。现在的人都不知这个塑像，但你只要派人寻找，我自然会出现。这是因为你能够享国祚万代，我也该与你在兴庆宫内相见。'"

李隆基随即差遣内使与道门威仪肖元裕到城西南方向寻访，无着。几日后，楼观附近的山谷间忽然有紫云出现，于是人们在紫云出现的地方挖掘，果然得到一尊老君玉像，高三尺余。玄宗不仅将此像置于内殿供养，还令有司描写真容，分送全国各个道观供奉，然后大赦天下。并在楼观立《大唐圣祖玄元皇帝灵应碑》以记其事。玄宗之所以把这件事搞得这么轰轰烈烈，是与确立李唐王朝统治的合法性、强调其"君权神授"有关。但在这次活动中，楼观道士李玄赜、颜无待、傅承说等人都扮演了重要的角色。

唐代统治者与楼观道的关系，最早可追溯到大业十三年（617）。当时道士李淳风制造了太上老君降于终南山，预言"唐公（当时李渊封为唐国公）当受天命"的神话，而楼观道士岐晖直接赞助了李渊起义。这些行为使得道教，尤其是楼观道得到了李唐统治者的特别尊宠。入唐以后，楼观道士不断制造老子降临的神话，强调太上老君乃至李唐王朝与楼观之间的特殊关系。如岐晖之后的著名楼观道士尹文操，颇得高宗李治的赏识。他制造出所谓"老子骑白马现于楼观"的神话,并编撰《玄元皇帝圣纪》等书,为李唐王朝皇权神授提供神学证明。果然"高宗大悦,终日观省,不离于玉案"。而尹文操也获得了尊师银青光禄大夫,行太常少卿的高位。

从高祖李渊起兵时的岐晖到高宗李治时的尹文操,再到玄宗李隆基时的李玄赜,楼观道的道士一直积极为李唐王朝提供宗教服务。和茅山宗师相似,楼观道士十分善于窥测政治风向的变化,及时采取相应的对策。楼观道本来就有崇尚老子的传统,故入唐以来,许多有关老子的神话传说大多和这个道派有关,而这又正好与李唐王朝的"尊祖""崇本"一拍即合。这样用心良苦,当然颇得唐代诸帝的欢心。

正因为楼观道凭借临近帝都,以及与李唐王朝建立的特殊关系,使其在唐代盛极一时。同时,也为终南山带来一定的负面影响。《历世真仙体道通鉴》中讲了这样一个故事:睿宗(710—712)时,被召至都城长安的司马承祯不愿留居京城,亟欲返回天台山。与他熟识的卢藏用此时位居尚书右丞,因其早年曾隐居于终南山,故指着终南山对司马承祯说:"此中大有佳处,何必天台?"承祯答复说:"以仆观之,乃仕宦之捷径尔!"后来人们便用"终南捷径"来指称追求官位名利的便捷门径。

客观地说,楼观道除了善于窥测政治风向,为自己发展寻求良好的政治生态环境外,其在教义上融汇当时道教各派之长,也是这一时期楼观道兴盛的重要原因。

隋至盛唐时代的文化可用"交融"二字来概括,道教在这种文化融合的背景下,在统一的王朝控制中,南北两系道教的汇合带来了道教的大发展,并与李唐王室结姻,铺陈出一段道教发展史上精彩纷呈的往事。

隋文帝取代周室,正是利用道教中的符谶把戏:夺取政权之前用符谶造舆论,夺取政权之后这些符谶又成为其统治合理性的依据。虽然符谶是隋室代周的敲门砖,但门敲开之后不能丢弃。所以,关注并积极支持道观的修建和道教的发展,在隋文帝看来则是一个政治态度问题。不过,这一态度在文帝的晚年又派上了用场:"神仙长生说"对中国历朝历代的皇帝有着永远的魅力,清醒如隋文帝也不能免俗,"初,嵩高道士潘诞自言三百岁,为帝合炼金丹。帝为之作嵩阳观,华屋数百间,以童男童女各一百二十人充给使,位视三品;常役数千人,所费巨万。云金丹应用石胆、石髓,发石工凿嵩高大石深百尺者数十处。凡六年,丹不成。帝诘之,诞对以'无石胆、石髓,若得童男女胆髓各三斛六斗,可以代之',帝怒,锁诣涿郡,斩之。且死,语人曰:'此乃天子无福,值我兵解时至,我应生梵摩天'云。"(《资治通鉴》卷一八一)炀帝尽管才华横溢且笃信佛教,但仍不免为道教所吸引,不仅集中学者撰写道书,还亲自上阵编撰道经目录。隋代这种佛道并重的政策,对取而代之的唐代有着深远的影响,在其制定宗教政策时有了可供参考的范本。

唐代开国的君主高祖李渊在夺取政权时,同样玩起了符谶的把戏:"大业十三年(617)丁丑,老君降于终南山,语山人李淳风曰:'唐公当受天命,'淳风由是归唐。"(《混元圣纪》卷八)因此,李渊称帝时的告天与祭地用的都是道教中的科仪。比隋室有利的是,李渊恰巧与道教始祖老子同姓,尽管他的姓氏来路可疑,但不管

三 终南捷径与洞天之冠

怎样，攀上了这门显贵的亲戚丝毫不会辱没李唐王室。所以，李唐政权确立后第一件要做的事，就是认道教教主太上老君为其先祖，并在羊角山修建了老君庙，取名"伏唐观"，专门用来祠祀老子。既然道教之于高祖李渊，或者说李唐王室有这样特殊的关系，终唐一代抑佛扬道也就是情理之中的事。高祖李渊还有"己所欲必施于人"的爱好，专门委派使臣把天尊像送给附属的高丽国，并让道士不远千里到高丽宣讲《道德经》。可见，道教的远播海外，唐高祖应推首功。

太宗李世民和其父李渊一样，也笃信谶纬。这也难怪，与他争夺帝位的还有两位强有力的竞争对手，况且最初他并不被看好。而道士王远知投其所好，预言世民可"作太平天子"，"武德中，太宗平王世充，与房玄龄微服以谒之（王远知）。远知迎谓曰：'此中有圣人，得非秦王乎？'太宗因以实告。远知曰：'方作太平天子，愿自惜也！'"（《旧唐书·王远知传》）世民因此而信心大增，并如其所愿夺得了帝位。登上帝位后的李世民，自然对王远知优宠有加："太宗登极，将加重位。固请归山。至贞观九年，敕润州于茅山置太平观，并度道士二十七人。"不过，太宗李世民是中国古代皇帝中少有的明白人，他不仅利用道教夺取帝位，更知道"道"在管理中国民众中的作用。因此，贞观前期他以《道德经》清静无为的思想治天下。而乱世之后的初唐，这一套管理方法十分有效。所以说，"贞观之治"有相当一部分的功能应归于"道"或道教。李世民对这一点也心知肚明。所以，贞观十一年（637）他明确地宣布道教在佛教之上，当然，他也不忘打上"尊祖之风"的品牌。此时的道教成了李唐王朝的意识形态。尽管李世民明白之极，但晚年仍不免陷入追求"神仙轻举"、长生不老的迷境。他因此身体力行，雇用道士炼取金丹，希望能得到一副长生的药，并最终为此丧命。他的继任者高宗李治还更进一步，追封老君为"太上玄元皇帝"，圣母为"先天太后"，更过分的是，规定王公百僚必须研习《道德经》，在科举时加试《道德经》。不过，女皇武则天在位时，却不理睬这一套。武氏公开佞佛，并不遮遮掩掩。当然，道教的神仙长生对这位铁娘子也是有吸引力的。晚境中的则天皇帝也令道士为其斋醮、投龙作功德。而令道士炼药供其服食也是其中必要的功课。可惜的是，长生不老之术同样没有也不可能挽回她的生命。

风流天子玄宗李隆基，对道教的扶持更加不遗余力。才华横溢的玄宗，不仅尊祀玄元皇帝，拼命加赐尊号，甚至亲自导演了一出玄元皇帝降临的神话剧。不过，玄宗对这一时期派系分立的各个道教派别并不一视同仁，他特别优宠的是茅山宗和张天师一系的道士。玄宗对道教的痴迷，还表现为不仅自己服用丹药，也常常将丹药赐予臣下，颇有高祖之风。"玄宗御极多年，尚长生轻举之术。于大同殿立真仙之像，每中夜夙兴，焚香顶礼。天下名山，令道士、中官合炼醮祭，相继于路。投龙奠玉，造精舍，采药饵，真雇仙踪，滋于岁月。"（《旧唐书·礼仪志》）

在隋唐两代皇室的优宠下，加之南北统一的政局，使得南北方道教的交流更为顺畅便利。由上清派演变成的茅山宗，在南方巩固了地位之后，北上发展。当年给唐太宗预言的王远知，即是当时茅山宗的领军人物。他从南方来到北方进行传道活动的时间正值隋大业年间（605—618）。王道士在北方所收的弟子中，有一位叫潘师正，而这位潘道士后来成为茅山宗在北方传教的重要人物。除了两都京畿之地外，隋唐时代，汉中、巴蜀和江南都是道教的中心所在。

就在隋唐时期道教不同流派融合的同时，原来地域特性鲜明的各个道派，逐渐在教理教义和宗教仪式上，互相渗透，以至于后来难解难分。比如，在南北朝时一度十分兴盛的灵宝派，隋唐时期却寂无声息，我们甚至都弄不清楚其间的传承关系。话虽如此，这一时期的道派融合其实还是有主次之分的：茅山宗势压群雄，成为唐代道教的主流派别。之所以形成这样的局面，主要是由于茅山宗兼收并蓄，吸收三教之长，融汇三洞经法，形成一个独立而严密的传承体系，茅山宗的组织发展得到了保障。加之，茅山宗人才辈出，历代宗师大多具有较强的政治活动能力，保证了茅山宗一直能获得统治者的支持。北方的嵩山、王屋山和南方的茅山、天台山等，之所以成为茅山宗传道的热点区域，都与玄宗朝的茅山宗师司马承祯的努力分不开。当然，这一时期道教的教理教义也有很大的发展，这倒是得归功于南北朝以来一直持续到隋唐的"三教论争"。经常性的论辩不仅锻炼了道士们的思辨能力，更促使他们在理论上能自圆其说，形成完善的体系。这个时期涌现的许多道教学者，如孙思邈、成玄英、王玄览、李荣、司马承祯、吴筠、李筌、张万福等，大都成为中国道教思想史上的重要人物。

事实上，从南北朝末起直到隋唐，楼观道一直不断从茅山宗那里吸取营养。如北周武帝（560—578）年间，茅山道士焦旷入居华山，楼观道士王延闻讯后前往求教，焦旷将《三洞秘诀真经》悉数传授给王延，使王延成为当时少有的集南北道教精华于一身的道士，也为他在通道观内校雠《三洞经图》打下了良好的基础。自此以后，楼观道士继承了兼及南北道教所长的传统。入唐后，楼观道又受到重玄派思潮的影响。因此，广集诸家之长，融汇南北经法的做法，正体现了隋唐时期楼观道的特色。

唐末五代时兴盛的钟吕金丹派各位高道，如钟离权、吕洞宾、刘海蟾等，均曾隐居于终南山，修炼道行，因之终南山道教兴盛不替。宋初，终南山道士再次导演了一出降神活剧，为宋太宗继承帝位提供神学支撑。

宋初，终南山盩厔县县民张守真声称：一天，有位神仙降临，此神自我介绍，他是天上尊贵的神，名为黑杀将军，是玉皇大帝的辅佐。此后，张守真只要斋戒祈请，此神就会降临。每次神仙降临时，只有张守真能听懂他所言。后来，张守真就去古楼观拜道士梁筌为师，并度为道士。由于张守真名声远播，宋太祖赵匡胤派使者驰驿召张守真来到开封。开宝九年（976）十月壬子，太祖命内侍王继恩在建隆观设黄箓醮，并让张守真请神。张守真果然不负所望，黑杀将军如期而至，预言道："天上的宫阙已建成，太祖要到天上去了，而晋王有仁义之心，可为皇帝。"说罢便升天而去，从此不再应请而降。宋太祖闻说其言，当夜即召见了时为晋王的赵光义，屏去左右侍从，将身后事托付给赵光义。据说，他们之间的对话，没有人能听到，只是从窗户的烛影中，看到时为晋王的赵光义，一会儿离开坐席，好像要避让什么，但这时只见太祖以斧戳地，大声对赵光义说："请你好自为之。"第二天，太祖去世，太宗继位，成为赵宋王朝的第二位皇帝。

以上的故事是太宗继位众多版本中的一个。杨亿在《谈苑》中记载了另一个颇为不同的版本：宋太祖听说张守真得到晋王赵光义可为后继者的神谕，认为是妖妄、胡说八道，准备诛杀张守真，但还没来得及做，就去世了。因此，我们不难推测：张守真的降神神话，不过是宋初宫廷政变的一个幌子而已。

正是因为张守真与那位黑杀将军在太宗继位的关键时刻助了一臂之力，故太宗继位后，次年，即太平兴国二年（377）五月就下诏，修建终南山的北帝宫。同时，还派遣了内供奉官王守节、起居舍人王龟从督建。而此宫正是张守真修筑用以祭祀黑杀将军的地方。三年后，也就是太平兴国五年（980），北帝宫建成。据记载，北帝宫内有通明殿、七元殿、黑杀殿、天曹殿、南斗阁、灵官堂、龙堂，并题额为"上清太平宫"，此宫得名也有黑杀将军的神谕。不仅如此，北帝宫内还专门设常参官一人主持宫中事务，实际上就是监宫。特选道士进行焚香静修，并派百余名军士把守。北帝宫在太宗朝是一个极为重要的道观，每年的上、中、下三元、黑杀将军的生日、皇帝的千秋日等重大的节日，太宗都要派遣中使官到这里建醮祈祷。而在祀神的那天，太宗在京城开封向西遥拜。甚至如果发生水旱灾害，或者其他国家大事，也常常到这里来致祭祈祷。

宋真宗即位之初，继承了太宗尊礼隐士的遗范，屡召终南山隐士种放。种放是一位亦道亦儒的隐士。他因母亲好道，并修辟谷术，故终身不娶，与母亲同隐于终南山豹林谷的东明峰。在那里，母子二人结草为庐，终日望云危坐，十分自在。种放往还于华、嵩二山之间，与当时著名道士陈抟交往。因此，在京洛之间颇有声名。真宗对种放宠任有加，多次召见。种放频繁往来于终南、京师开封之间。而真宗无论是封泰山、还是祠汾阴，都带着种放从行。因此，宋人王辟之说："真宗优礼种放，近世少比。"

金元时期，终南山更是迎来了一个全新的发展时期：全真道创始人王喆，也就是后来以王重阳之名著称于世的道人，曾修行于终南山附近之刘蒋村、南时村，并创全真道派，终南山又成为全真道的发祥地。因此，当蒙元时期的丘处机大兴全真道后，便开始全力开拓终南山宫观的工程，使终南山道教再一次走向鼎盛，终南山相继兴建了以重阳万寿宫为中心的大批宫观，如重阳成道宫、遇仙观、通仙万寿宫、栖云观、集仙观、太一观、玉华观、白鹿观等，终南山再次成为北方道教重镇。

明代正一道兴，全真道衰，因此终南山道教的兴盛也被中止。清代，虽然全真道甚为得势，但终南山因僻处西北，经济衰退，因此，除说经台外，其他宫观大多因年久失修而废圮，只存有楼观台供人凭吊。

终南山的道观主要集中在周至县境内的楼观台。楼观台位于陕西省周至县城东南15公里的秦岭北麓，紧靠全真祖庭之重阳宫，西南接连太白山。楼观台自然是因尹喜于此结草为楼、观星望气而得名。南北朝时，这里是北天师道及后来的楼观道的重要据点。唐高祖李渊时，因称老子为远祖，故改楼观台为宗圣宫，说经台为老子祠。玄宗时再改宗圣宫为宗圣观，大肆营建。唐代修筑的台、殿、阁、宫、亭、塔、洞、池、泉等有五十余处。北宋端拱元年（988）改宗圣观为顺天兴国观。到了元中统二年（1261），再改回原来的名称——宗圣宫。明清时期，楼观台的殿阁楼台屡有修葺，规模依旧。

楼观台位于终南山北坡，地处幽壑清泉、茂林修竹之间，有"天下第一福地"之美誉。境内遍布奇峰峭崖，瀑布溶洞，曲水流泉，奇花异卉。现存建筑有说经台、炼丹炉、吕祖洞、宗圣宫、显灵山、衣钵塔、玉华观、老子墓、王母宫等遗址六十余处。各类殿、塔、台、洞、泉等文物古迹散布其间。仅存于观内的碑刻石碣就达七十余通，如欧阳询的隶书《大唐宗圣观记碑》、苏灵芝的行书《唐老君显见碑》以及米芾行书"第一山"和元剧高文举篆书《古老子》等。

与楼观台相邻的是全真祖庭重阳宫。重阳宫得名于王重阳。王重阳是其名号，他的原名为中孚，字允卿，后易名德威，字世雄，入道后改名喆，字知明，号重阳子。王重阳出身于陕西省咸阳刘蒋村的殷实人家。早年为儒士，金初应武举试，做过小吏，后因自认为怀才不遇,辞官归家,行为颇为狂放,乡人称他为"王害风"。据说,金正隆四年(1138),他在甘河镇(今陕西户县境)酒肆遇到了钟离权、吕洞宾两位仙人。两位仙人见其颇有悟性,便给他传授金丹口诀。自此,王重阳弃绝妻子,决心入道,就在终南山南时村作穴墓住了下来。他给这个穴墓起名为"活死人墓"。尽管其后王重阳东出潼关,化行山东,在山东成就了全真道,但毕竟终南山是王重阳故里,因此在元代全真教大行于天下,元世祖忽必烈于至元元年(1269)封全真教祖师王重阳为"重阳全真开化真君"、元武宗再加封为"重阳全真开化辅极帝君"后,终南山也同时成为全真道的重镇。

重阳宫位于户县西10公里的祖庵镇,南接秦岭,北临渭水,东傍涝水,西以白马河为界,下院别业横跨今周至、户县两县九个乡镇,是全真道祖师王重阳的修道和葬骨之地,为我国"道教三大祖庭"之首。金代即有"天下祖庭"之称,历来享有"全真圣地"之盛名。

金大定十年(1170),王重阳率徒返陕西途中逝于河南开封,其徒将他的骸骨带回,葬在刘蒋村故宅旁,并修建了庭院，额书"祖庭"。同时在祖庭侧立灵虚观。灵虚观后改名为"重阳宫"，元时赐名"重阳万寿宫"。最盛时有殿堂楼阁宫院计房屋5048间，道士近万人。

　　重阳宫现仅存祖师殿以及"活死人墓"遗址、重阳成道宫、玉皇殿遗址和集仙观遗址。但其所珍藏的金、元代碑石有三十一通。其中《全真教祖碑》《重阳祖师仙迹记》《十方重阳万寿宫记》等，均为全真教历史的重要资料。而所藏的几通元代皇帝圣旨碑，是以巴思巴文、波斯文、汉文合写而成的，是研究中西文化交流的宝贵资料。另外，这里还有吴道子戏笔、重阳画像碑、北七真画像碑、元代著名书法家商挺、杨奂、姚遂、宋勃、王磐、李道谦、孙德烃等撰书的道行碑，堪称书法名碑，尤以《大元敕藏御服之碑》《孙真人道行碑》为大书法家赵孟頫所书，价值连城。

肆 清虚真人与王屋山

王屋山位于河南济源市西北45公里处。王屋山北依太行，南临黄河，海拔1715.3米，是古代江、河、淮、济四渎之一的济水发源地。王屋山山势雄浑，在杜光庭的《洞天福地岳渎名山记》和司马承祯的《天地宫府图·十大洞天》中，均列十大洞天之首，也称为"小有清虚之天"。

在道教著作中，王屋山与道教关系十分悠久。王屋山山顶处有一石坛，传说是轩辕黄帝曾经祭天之地。当时黄帝与蚩尤战而不胜，于是在此告天，感动了九天玄女，命西王母给黄帝授予《九鼎神丹策》《阴符册》等符书，黄帝才因此降伏蚩尤。是故，王屋山也称为"天坛山"。魏华存在《清虚真人王君传》记载，称其师傅王褒得道成仙后，被封为"太素清虚真人"，统辖小有天王、三元四司、右保上公，而他的治所就在王屋山，这也是王屋山被称为"小有清虚之天"的来源。

道教何时传入王屋山，已难稽考。但在南北朝以前已有道人在此修身养性，传经布道，聚众炼丹。《真诰》卷五中记载了这样一个故事：东汉时期，毛伯道、刘道恭、谢稚坚、张兆期等人在王屋山中学道，前后四十余年，共合一副神丹。这副神丹毛伯道服后死了，接着刘道恭又服下，也死了。谢稚坚、张兆期不敢再服，觉得飞升成仙无望，就离开王屋山准备返乡。但在路上发现毛伯道、刘道恭并没有死，而是服丹药后尸解成仙了。这才知道他们因为信心不足，放弃了成仙的机会。二人十分悲伤后悔，只得请求毛、刘两位再教以飞升成仙之道。毛、刘二位仙人给了他们茯苓方，谢、张两位服后，都活到了数百岁。这个故事当然是神话传说，不过是否说明自东汉起已有道人在王屋山中修行，也未可知。

唐代是王屋山道教的兴盛时期，高道云集，潜心修道，间或传出有人羽化升天的故事。这其中著名的道士先后有：司马承祯、李含光、玉真公主等人。

茅山宗第十二代宗师司马承祯是王屋山阳台宫的第一任住持。据《唐王屋山中岩台正一先生碑碣》载，司马承祯在开元十五年奉诏入京，玄宗命他到王屋山自选形胜，兴建道观居住。司马承祯因此在王屋山中兴建了阳台观。司马氏于开元二十八年（740）仙去，享年八十九岁，钦封"贞一先生"，葬在了紫薇宫西北松台处，这里因此被称为"道士坟"。李含光，也是唐代著名的道士。他是开元十七年在王屋山师从司马承祯，司马氏去世后，李含光受玄宗之诏，成为了阳台宫的第二任住持。张探玄，字体微，人称"贞玄先生"。他在游历海岳之后，止于王屋山修真养性，天宝元年（742）去世，享年七十六岁。睿宗之女玉真公主，也就是玄宗的胞妹，在天宝二年（743）奉旨随司马承祯学道。玄宗专门将王屋山的宫观葺缮一新，供玉真公主修真所用，并亲自题写匾额"灵都观"。王屋山中著名的女冠不仅玉真一人，还有一位曾做过阳台观的住持，即柳默然。史载，柳默然一生斋戒精勤，操履谨严，使得阳台观在她主持下井然有序，直到她于文宗开成五年（840）去世。其后，比较知名的住持即是刘道清。刘道清，号纯清子，幼年出家为道，后道业大成，任阳台宫住持多年，所传弟子无数。五代时，有著名的道士燕真人。当时人们已不知他的真实姓名，只知道他号为燕萝子。燕氏本为王屋山人，就居住在阳台宫之侧。后晋天福年间（936—942）修得烟霞养道的诀窍，并食用了千年的灵异人参，因此拔宅升天。这是"一人得道，鸡犬升天"的另一个版本。

宋金时期，王屋山仍为北方重要的道教圣地，不断有高道涌现。宋代有贺兰栖真定居在王屋山奉仙观，为奉仙观第一任住持。由于贺兰道行高远，宋真宗多次召见，礼遇甚厚，赐号"宗玄大师"，并豁免了奉仙观的田赋租税。但王屋山最重要的发展是在金元时期全真道的兴起。

地处北方的金朝统治者也祭出了"尊玄重道"的大旗。但事实上，金朝统治者对道教上层人士的笼络，不过是为了对道教或者对汉族加以限制，以防道教"惑众乱民"，以缓解北方社会因战乱和民族矛盾而引发的社会不稳定而已。不过，在金的统治下，太一教、大道教、全真道三大新的道教流派从民间涌现，成为金代，乃至于后世道教的主流。

入元以后，在统治者的扶持下，全真道出现了兴盛的局面。这兴盛的局面主要表现在教团组织上的严密与新老道派合流两个方面。金时，王屋山则有王志佑、张志谨、孙志玄等著名的道士。王志佑的主要贡献是在主持阳台观事务期间，从金正大四年（1227）始，历时十二年对阳台宫进行了整体修缮，并在工程完成后将阳台观改名为"阳台万寿宫"。张志谨，号神宁子，曾拜长春真人丘处机为师。云游各地二十余年后，于大定四年到王屋山灵都观修真。此时，灵都观经过多年失修，殿堂损坏严重。张志谨于是率领众弟子进行修葺。可惜的是，工程未成，张志谨身先卒，后追赠为"广玄真人"。这一工程由张志谨的弟子孙志玄完成，并接替张志谨掌管灵都观事务。在孙志玄的主持下，灵都观发展到道众百人，升格为灵都万寿宫。另外，还有一位莹然子，十六岁拜王重阳弟子刘处玄为师，于元太宗窝阔台九年（1237）主持天坛十方院。莹然子弟子众多，大多成为王屋山各个宫观的知宫、知观，颇有成就。

明清以降，王屋山虽不像前朝那样高道辈出，但也有陈性常、张太素、赵复阳、王常月等名道先后到此修炼。清代乾隆、嘉庆之后，王屋山道教逐渐式微。多处宫观庙宇废毁，大型法事活动日益稀少，除少数隐修道士外，只有民间的祈祷、斋醮活动仍然流行，但仍遗留不少道观供人凭吊。

在王屋山道观修建的历史上，唐玄宗是值得大书特书的一位。玄宗皇帝尊祖崇道，加之王屋山地近东都洛阳，因此，玄宗拨付大量经费在王屋山上修建宫观。其中，阳台观就是开元十五年（727）玄宗诏司马承祯自选形胜创建。同时，他还兴建了灵都观、白云道观等。不过，王屋山道观的大肆修建是在宋金元时期。当时在阳台观、灵都观、白云道观外，又新建了奉仙观、长春观、通仙观、虚皇观、上观、下观等，形成了"三里一观，五里一宫",道观林立的繁盛景象。而且,这些道观体系完整有序:有供奉元始天尊、灵宝天尊、道德天尊的三清殿;供奉紫微大帝的紫微宫;供奉天皇大帝的阳台宫;供奉清虚大帝的清虚宫;供奉天、地、水大帝的三官殿;供奉雷祖的玄台殿;还有供奉十方救苦天尊的十方院;供奉西天王母的王母洞;也有供奉人文初祖的轩辕黄帝殿。真可谓众神归位、各得其所。这一时期王屋山的道观既各自独立,又形成了完整的体系,并试图将道教三十六重天的学说落实。

明清时期,王屋山道观虽无创设,但历经多次修葺,因而主要道观大多留存至今。

阳台宫为王屋山道教"三宫"之一,是唐开元十五年(727)玄宗诏令司马承祯置,并为之题匾额"寥阳殿"。阳台宫坐北向南,依山势逐级升高,殿阁错落有致。整个建筑是一组三进的院落,在中轴线上依次为山门、大罗三境殿、玉皇阁、长生殿等,两侧布置有东西廊房、东王公殿、西王母殿。主要建筑是山门之后的大罗三境殿,内供三清神像。此殿是一座保留了唐宋风貌的明代木构殿堂，面阔五间、进深四间，单檐歇山九脊殿堂，五踩斗拱。大罗三境殿体量宏大，造型宏伟，用纵横排列的30根方形花岗岩石柱和高16米、径粗两围的八根大柱，托起九架梁殿顶。小斗拱层层相叠，构成斗八藻井，格外玲珑精巧。30根石柱上，通身雕刻着栩栩如生的云龙、丹凤、瑞禽、神兽及神仙故事，并由此组成"风调雨顺，国泰民安；苦海无边，回头是岸"的楹联。不见一字，却尽显道教要义。此为明代石刻艺术珍品。

大罗三境殿后为玉皇阁。玉皇阁阔三间，进深三间，是一座明清歇山式楼阁建筑，由8根高11米的通天木柱支撑着。玉皇殿整体建筑高耸，屹立在旷野高岗上。叠构三层高达21.40米，四周回廊，广深各五间，周围由20根石柱托起。石柱上依然雕刻着盘龙彩凤、奇花异草、神仙故事。雕刻技术精巧，形象生动，尤其是"阴阳鱼"和"丹子龙"图案，十分珍贵。

阳台宫院内尚存元、明、清碑碣题记数十通，主要有元代的《圣旨碑》《昊天王玉皇上帝碑记》，明代的

《重修三清殿碑记》《新建玉皇阁记》《荆之琦碑》，清代的《重修三清阁序》等。月台上有大铁镬一口，外径1.70米，腹深0.84米，右有雕花大石槽一个，这也是明代遗物。另外，阳台宫院内有千年桧柏，郁郁葱葱。树冠如龙似凤，故称"龙柏""凤柏"，寓意"龙凤呈祥"。大罗三境殿前有一棵梭罗树，相传是唐玉真公主亲手所植。

清虚宫位于王屋山下，大店河畔。北依岗丘，南面是开阔平敞的河谷阶地，景色秀丽，环境清幽，被称为是"蛟龙吐玉"的风水宝地。清虚宫初建于唐代，是王屋山"三宫"之一。据杜光庭《王屋山圣迹记》载："昔唐建三清殿及清虚观。"指的就是它。也有传说清虚宫为东汉时王褒草创。不过，考其基址，王褒所创是在"小有清虚之天"的王母洞前。清虚宫后毁于战火，元顺帝元统二年（1334）重建，清代整修过。现存的清虚宫是一座坐北朝南的建筑，整个建筑依次为山门、东西配殿、三清大殿、三层玉皇阁。主殿三清殿面宽五间，进深四间，是清代大型单檐悬山式木结构建筑，柱头雕成龙首及蚂蚱头形,并刻成"亚"字形云纹,十分精美。配殿东为关帝殿、东王公殿,西是玄坛殿、西王母殿。其中,西王母殿面宽三间,进深两间,是清代单檐悬山式木结构建筑。前檐斗拱为三踩龙首单下昂,龙首张口含珠,须眉毕现,龙身曲线柔和,鳞片排列有序,属于清代中期的木雕艺术珍品。

三宫中的最后一个是迎恩宫,它建于华盖峰东的垂珠峰下,背枕黛珠峰,东西分别有从滴水岩、紫微溪来的水流汇集于宫门之前,然后绕向南方流去。高山林立,溪水潺潺,有"二龙戏珠"之称。迎恩宫创建于唐代,是为迎接唐代帝王祭天而建。宋徽宗初年曾游历王屋山,这里又作为皇帝圣驾跸驻的住所,故也称行宫。该宫分为上下两院,依山就势由南向北,层层垒筑,错落有致。迎恩宫的建筑精巧雅致,下院是青堂瓦舍,显得肃静淡雅;上院则金碧交辉,雍容气派。整个建筑以中轴线为核心布局:下院有山门、祖师殿及东西回廊;上院有土地殿、南天门牌楼、玉皇殿及东西配殿。下院的主殿祖师殿面广三间,进深四架椽,是清代单檐歇山式木结构建筑。上院的主殿为玉皇殿，同样面广三间，进深三间，但建筑形式与祖师殿迥异，是一个明式单檐歇山式无梁殿建筑，通体为黄、绿、孔雀蓝琉璃瓦砖，檐下所雕的仙人、武士、麒麟、凤凰、山树、海水等，均为明代彩琉璃艺术珍品。玉皇殿内部结构是用条砖形成拱券顶，成为一无梁殿。此外，上院的东西配殿也为明清时期的无梁殿建筑形式，这在其他地区十分罕见。

十方院，原名"上方院"，位于天坛山南麓两公里处的秦沟帝的高坪上。东临三官岭，西依瘦龙岭，沿神路前可通紫微宫，后可达天坛山顶。传说轩辕黄帝曾于此处访道，故又名"上访院"。又有传说，这里曾是春秋时期周灵王之子王子晋与浮丘公修道的地方。秦时，"商山四皓"曾隐居于此，故又称"避秦沟"。唐代司马承祯初来王屋山居此，取"十方道流多会于此"之意，名之为"十方院"。十方院坐北朝南，整个建筑依地形而筑，错落成一方形四合院落。其主轴线正对着天坛山的山顶。十方院自南向北，依次为山门、王子晋祠、浮丘公祠、李公祠、司马承祯写经洞、老君祠。历代多次重修，今保存完好。

药王祠位于王屋山下,清虚宫北,背靠灵山支脉,左倚七林山,右有天坛山余脉拱卫,大店河从北向南流去。药王祠,原名"翠微庵",传说唐孙思邈曾在此居住,采集草药,并著《千金翼方》于此,故后人名之为"药王祠"。其创建年代不详,现在的药王祠为清道光二十二年(1842)重建,为一四合院落,由过道大门、东西厢房、拜堂组成。药王祠前有七块花岗岩大石头。其中一块长140厘米,宽125厘米,高110厘米,中间还有一石臼,口径25厘米,深24厘米,传说是当年药王捣药用的药臼;另一块石头上刻有"翠微庵"三个大字,落款为"真人题",却不知是何人何年所遗。

灵都观位于玉阳山尚书谷口的玉溪河西岸。此观因奉唐玄宗之命,为玉真公主择地而建,故又称"玉真观"。据说,此观建成后,玄宗于山门上亲题"灵都观"三字。金明昌三年(1192)升观为宫。元初,丘处机的弟子张志谨主持灵都观,盛极一时。明清两代,灵都观得到过修缮。灵都观现为前后两院,前院依次为山门、大殿、楼阁与钟楼、角楼等建筑；后院为翼门和前、中、后三座大殿及东西配殿等。观内存有唐天宝二年（743）《张尊师探玄遗烈碑》《玉真公主受道灵坛祥应记》，元大德九年（1305）《灵都万寿宫图志碑》等碑。

在东玉阳山南麓有麻姑庙，也是创建于唐代。现在的麻姑庙为清代重修。据明代《麻姑宝卷》记载，麻姑原名侯真定，唐人，十五岁入王屋山随玉真公主学道，后得道飞升，此庙即为纪念她而建。麻姑庙坐北向南，依山而建，两进院落，高低错落。依次为戏楼、梳妆楼、山门、麻姑殿、祖师殿。东侧有眼光殿、广生殿、财神殿；西侧有龙王殿、药王殿。其中，梳妆殿坐落在台榭之上，面阔小三间，进深四架椽，为清代单檐悬山式木结构建筑，木雕精良。

王屋山上还有一所著名的宫观，即是奉仙观。奉仙观俗称"荆梁观"，位于济源市市区荆梁北街东侧，唐垂拱二年（686）由道人孔志道创建。唐宪宗时（806—820），奉仙观曾一度易名为"奉仙万寿宫"。宋代时，名道贺兰栖真主持奉仙观。历经多次扩建，奉仙观形成了现在殿宇十余座的规模。

奉仙观坐北朝南,沿南北中轴线,依次为山门、玉皇殿、三清殿与东西廊房。山门面阔三间,进深两间,是清乾隆十七年(1752)重建的单檐悬山式木结构建筑,两侧翼门为清式垂花门。玉皇殿是一座面广三间、进深四架椽的明代单檐悬山式木结构建筑,殿内供奉着玉皇大帝塑像。奉仙观的主殿三清大殿,又名"老君殿",建于金代初期。大殿面广五间,进深三间,是金代的单檐悬山式木结构殿堂建筑。其中,檐柱为巨粗的八角形石材,檐下有硕大的斗拱。观内现存碑文、石刻众多。有《大唐宗姓太上老君石像碑》《重修奉仙宫讲堂记碑》《宋真宗诗诏赐贺兰先生碑》等。其中,唐垂拱元年(685)所立的《大唐宗姓太上老君石像碑》是为唐代道教碑碣之冠。

长春观位于柏林沟北坡,这里沟壑参差,数峰争秀,柏林繁茂,金线河绕过长春观东而北去,因此有"小蓬壶"之称。长春观创建年代已不可考,元世祖中统元年(1260),长春真人丘处机的弟子——洞真子解志通来到王屋山，见这里有道观遗址，因而就在基址上创建道观，名为"长春观"。长春观在清雍正年间（1723—1735）曾经得到重修，现存的宫观规模即是雍正年间重修后的面貌。长春观是一座坐北朝南的两进院落，玄元殿在前，玉皇殿置后。东侧有三官殿、关帝殿和白龙殿；西部是四圣殿。玄元殿又名"老君殿"，为清雍正十三年（1735）修建，面阔三间，进深六架椽，是一座清代的单檐悬山式木结构建筑。

伍 五斗米道与青城山

以"天下第一幽"著称的青城山，为道教十大洞天中的第五洞天。青城山位于四川省都江堰市西南约15公里处，地处成都平原西端，背靠千里岷江，俯瞰成都平原，主峰老霄顶海拔2434米，因山上林木葱茏，四季常青，群峰环绕，状如城郭，故名为"青城"。道教中又称为"宝仙九室洞天"。

　　在早期的道教历史上，青城山是一个非常重要的地方。当张角领导的黄巾起义在中原各地如火如荼进行之时，沛人张陵，或名张道陵者，悄然西向入蜀，并在蜀中创立了正一盟威道，"沛国张陵学道于蜀鹤鸣山，造作道书，自称太清玄元，以惑百姓。"（《华阳国志·汉中志》）据《三国志·张鲁传》《后汉书·刘焉传》等史书记载，张陵大约是在顺帝时（126—144）入蜀，在鹤鸣山（今四川大邑县境内）修道。

但事实上，张陵以鹤鸣山为根据地，向周围百姓传教的史实在各类历史文献记载中互有出入，令人生疑。由于张陵创道之时，五斗米道尚未形成气候，故他的事迹很难追寻，历史学家们也无从稽证。甚至他的儿子张衡，史书中也很少提及。倒是他的孙子张鲁，这一时期的踪迹在史书记载中还比较清晰详细。不过，据当时的史书记载，张鲁更像是一位篡权者，真正将五斗米道做出规模的是一位叫张修的先生。据《三国志·张鲁传》注引鱼豢的《典略》说：光和年间（178—184），汉中地区有一位名为张修的人在传授道教，立道士为祭酒，专门主持修习《道德经》五千文，凡入道者必须研修老子《道德经》，不得懈怠。张修的道义认为，身体疾病是因为犯了过失，神仙惩罚所致。因此，凡生病的人必须叩头思过，饮符水，独处在静室内。然后，派一个小吏书写病人的姓名，讲明他服罪之意，作天、地、水三官手书，来为病人请祷。由于病人为请祷需出米五斗，故道士们又被称为"五斗米师"。所传的道术也就被称为"五斗米道"。显然，张修所传道术比较灵验，因此汉中百姓，"竞共事之"。不料，张鲁从蜀地北上来到汉中，袭杀了张修。至于张鲁采用了何种手法，使笃信张修之道的汉中百姓，归服于他，就不得而知了。正因为此，史书中常常将张鲁与张修混为一谈，莫衷一是。

因此，事实很可能是蜀人张鲁篡夺了汉中人张修的教主地位，为了掩盖篡位者的真相，确立自己教主的合法性，他追封自己的祖父张陵为创教者，尊为张天师、正一真人、祖天师。然后他又虚构出一个父子相传的天师谱系以证明自己的正统性：张陵将其位传给儿子张衡，是为嗣师，张衡又传其子张鲁，名为系师。由他们祖孙三人被后世道家尊称为"三张"，或"三师"来看，这一历史建构是成功的。

此外，当代学者向达、蒙文通等人认为，五斗米道的创立与当时西南少数民族的原始宗教有一定关系，理由是五斗米道信仰天、地、水三官，而出身西南氐羌系统的前秦苻坚与后秦姚苌也都笃信三官。显然，汉中人张修是用《道德经》的理论对西南地区的原始巫鬼教进行改造，再杂以燕齐神仙思想创立了五斗米道。因此，五斗米道既有燕齐滨海地区神仙文化的内容，也有西南少数民族的巫教成分，可谓集大成者。

张鲁在张修所创宗教组织的基础上加以增饰，形成了政教合一的地方政权以管理汉中地区。首先是确定身份：自号师君；对初来修习学道者，称为鬼卒；学道较久并且虔诚者，称为祭酒。祭酒可以统领道众，统领道众多的叫治头大祭酒。其次，张鲁在管理道众方面，有一些具体的措施：令入道者修建义舍，房屋内放置一些米肉，以供行人食用；还教道民自我检讨，凡是有小过错的只要修路百步就可以除去罪恶；另外，张鲁还建立了一些宗教性的禁忌，比如按照月令，春夏两季禁止杀生、禁止饮酒等。

张鲁在汉中实行的政教合一制度，使得他在纷争不已的东汉末年雄踞巴汉近三十年，民夷便乐。直到建安二十年（215），才在曹操大军压境下被迫降汉。张鲁的政教合一政权虽然终结了，但随着张鲁的北上，五斗米道也传往北方中原地区。其后，西晋统一全国，再传播到东南沿海，最后遍及全国。据称，大书法家王羲之也曾是五斗米道的信徒。

虽然，后来张道陵创立的五斗米道以及后来的天师道移师他处，但青城山的道脉并未中断，据说张道陵最终在这里羽化成仙。另据葛洪《神仙传》记载，阴长生曾随临淄人马鸣生入青城山学道。马鸣生在青城山西南立祭坛，以《太清神丹经》授予阴长生。等马鸣生离去后，阴长生于是按其法合丹，丹成，阴长生只服了半剂就飞升成仙了。这当然是个神话，不过也反映出青城山在早期道教史中的位置。

西晋惠帝永宁元年（301），信奉张鲁天师道的巴氐李特举行起义，在成都创建了大成国。大成国传至三世李寿时，改国号为汉，史称成汉。而巴氐李氏之所以能够建国，其中与青城山道士范长生的积极援手关系密切。据《晋书·李流载记》中称，当时涪陵人范长生率千余众依青城山，以天师道为名，据守青城。起义军说服范长生资助军粮，使得李特的义军才能重创晋军。故李特之子李雄占领成都后，欲迎立范长生为君，被范固辞。不过，就在李雄称成都王时，范长生专门从青城山下来，到成都劝说李雄称帝。所以在李雄即帝位后，马上加封范长生为天地太师、西山侯，并给予范长生诸多豁免与特权。李雄在位三十年中，由于得到范长生的辅助，成汉政宽事和，很得百姓拥护。

隋唐时期，青城山的道教仍十分兴盛，许多享有盛名的高道都将游历青城山作为自己修真养性的重要一课。如司马承祯曾在隐居天台之前，到青城山一游。不过，这期间与青城山关系最为密切、且对道教贡献最大的是唐末的杜光庭。

杜光庭为晚唐五代时人，他在应举落榜后，师事天台山道士应夷节，行上清诸法。中和元年（881），随唐僖宗入蜀，遂留居成都。后事前蜀王建。王建赐其号"广成先生"。杜氏学识渊博，精通儒、道经典。晚年隐居在青城山白云溪，后逝于此，葬在清都观后。

杜光庭生平著述极为丰富，仅收入《道藏》的就有二十余种，如《道德真经广圣义》五十卷、《太上老君说常清静经注》、《广成集》十七卷、《历代崇道记》、《洞天福地岳渎名山记》、《道教灵验记》十五卷、《神仙感遇传》五卷、《墉城集仙录》六卷、《录异记》八卷、《道门科范大全集》八十七卷、《太上黄箓斋仪》五十八卷，以及其他斋忏科仪十余种。杜氏在青城山修行期间，对道教斋醮科仪和神仙地理体系进行了系统的整理。

唐"安史之乱"后至五代十国时期，道教思想教义，斋醮仪式都有较大的变化与发展，特别是唐代统治者都将老子认为"圣祖"，尊《道德经》为真经。为了回应这一变化，杜光庭创造性地把各种太上老君的传说系统化，使老子作为道的化身更加全面充实，并完善了老君创造天地的神话。可以说，道教教主太上老君的形象塑造，到杜光庭手中完成了系统总结。此外，杜光庭还在《道德真经广圣义》中归纳总结了汉代以来的道教老学，特别发扬了老学重玄派的观点，使道教老学的思辨化程度进一步提升，并开辟了宋元道教老学的新路向。杜光庭兼采道教各宗派之长于一身，既有茅山宗传统的参政意识，又有重玄学派富于思辨的气质，还有龙虎山张天师法箓的真传，总结完成了道教斋醮仪式。显然，他是道教史上一位重要人物。

不过，杜光庭对道教的清理工作，意义最大的还是他的道教地理体系。洞天福地的概念并非杜氏创建。唐代高道司马承祯在《天地宫府图》中就已构建出一套"十大洞天、三十六小洞天、七十二福地"的道教地理体系，并在《无上秘要》《三洞珠囊》中收入"二十四治"。但这些工作成就在杜光庭看来还不够完善，因此他吸纳以往各种道教地理成果，把见于各种道书中的神仙住地进行了清理与整屯，形成了一部更为完备的道教神学地理著作——《洞天福地岳渎名山记》。杜氏构建出的这套道教地理体系系统完整、结构严密、后出转精，因而得到了后世的认可，成为道教名山体系最重要的理论依据。

明代，青城山道教属正一道，但至明末开始趋于衰落，清康熙时，武当山全真龙门派道士陈清觉来此山传道，创立了龙门支派丹台碧洞宗。从此，这里成为全真派的领地，并一直延续至今。

正因为青城山道脉传承千年未断，因此，青城山的宫观，在清代重修后，至今基本保存完好，主要有建福宫、常道观、祖师殿、上清宫、老君阁等典型的道观建筑。前山以常道观、上清宫为中心，形成宫观相望的形势。而后山的建福宫、祖师殿、朝阳洞等道教宫观与金鞭岩、石笋峰、丈人山等自然风光相互对应，彼此增色。

位于青城山丈人峰下的建福宫，又称"丈人观"，传说始建于唐开元十八年（730），但今天的建筑是清末光绪十四年（1888）重建的。建福宫筑于峭壁之下，面对清溪，四周古木葱茏，环境幽美。现有大殿三重：前殿奉祀的是晋代高道范长生，他的名号是"四时八节天地太师"；正殿里主神是五岳丈人宁封真君，用杜光庭陪祀；后殿里供奉的是太上老君，陪祀者为东华帝君和全真道创始人王重阳祖师。建福宫除了因道教而名闻天下，还有一物贯绝古今，这就是后殿楹柱上悬挂着一幅长达394字的对联。

从建福宫拾级而上，即至岩石耸立、云雾缭绕的天然图画。天然图画,是清光绪年间建造的一座阁。这里苍岩壁立,绿树交映,游人至此,如置身画中,故将此建筑名为"天然图画"。穿过天然图画,就来到了青城主庙常道观。

常道观又名"天师洞",相传东汉天师张道陵曾于此"结茅传道",故名之。常道观三面环山,下临深涧,形势非凡。常道观始建于隋大业年间(605—617),现存建筑是清康熙年间(1662—1722)和光绪年间(1875—1908)陆续修建的。观内主要的建筑有三清殿、黄帝祠、三皇殿等。其中三清殿是常道观的主殿,曾于1923年重建,是一重檐歇山顶楼阁式建筑,面积达580平方米,古朴雄浑。殿堂的正中高悬康熙帝御书的"丹台碧洞"匾额,殿内供奉的是道教最高神三清道祖。这三清殿还有一处宝物,即是殿前银杏阁旁的千年古树,相传此树为东汉末年张天师手植,自然珍贵无比。观内的黄帝祠年代久远,相传初创于隋代,应该是常道观内最早的殿宇。三皇殿内供奉的是华夏始祖三皇五帝中的伏羲、神农、黄帝,他们各有石刻神像一尊。尤为珍贵的是,这些神像背有铭文，是唐开元十二年（724）所制。另外，黄帝神像座前立有《大唐开元神武皇帝书碑》，高1.4米，宽70厘米，厚10厘米，碑体以行书四面刻文，正面刻有"唐开元十二年玄宗手诏"，为不可多得的唐代文物。这块唐碑后面有一个佛道相争的故事：唐开元年间，青城山下的飞赴寺僧人占据了山上道观，道人不忿，上告官府，不料此事为玄宗所知。于是，玄宗于开元十二年下诏书："观还道家，寺依山外旧所。"道观还给了道士，当然要勒石为铭，世代相传，成为镇观之宝了。

常道观后的混元顶，上有一个天然洞穴，地形险峻，相传是东汉末年张道陵天师修炼之处，因此，有人也将此处指称为"天师洞"。这里修建的殿宇前低后高、旁低中高，无论从何处向外观望，都不影响视野。在此洞窟的最上层有一个石龛，上面供奉着一座张天师的石像。此石像面有三目，神态威严，左手掌直伸向外，掌中握有"阳平治都功印"。此像据说是隋代雕刻的旧物。天师像旁是用第三十代天师、宋代虚靖天师张继先神像配祀。

自天师洞南门上行，可看到一道裂槽自崖顶直贯山脚，深约70余米，宽达18米，这就是著名的"掷笔槽"，相传为张天师掷笔的地方。附近林木苍翠，山石深黛，与别处迥然不同。民间传说这是因为天师掷笔时，洒下不少墨汁，从此这里的山树皆成此色。

从常道观向北沿着石级再向上行，就到了号称"青城第一峰"的彭祖峰，著名的上清宫就依此峰的东坡而立。上清宫的历史更为悠久，传说始建于晋。不过现存的建筑也是清末民国重建过的。上清宫依山坡而层层向上，宫门是一座石砌卷洞式样的建筑，上建有门楼，门额"上清宫"三个榜书大字是蒋介石的手书。山门左右有青龙、白虎两个配殿。入山门登石级而上，即是前殿。殿堂楼上有供奉灵官和三官的灵官殿、三官殿。从前殿绕回廊再行，便到了上清宫的大殿老君殿。老君殿高大雄伟，供奉着太上老君，旁祀张三丰祖师与吕纯阳祖师。殿左侧是文武殿，文祀孔子，武祭关羽。值得一提的是，这里神座下的九龙浮雕十分精美。在文武殿右下方有一个麻姑池，池呈半月形，池水清澈，一年四季不涸不溢。相传为麻姑浴丹处。

从文武殿上行至彭祖峰顶，就到了老君阁。老君阁外观呈塔形，共有六层。尖顶上堆三圆宝，寓意天、地、人三才。整个建筑下方上圆，象征着天圆地方，太极八卦。老君阁内供奉一尊"太上老君骑青牛"的巨型铜像，技艺精湛，栩栩如生。

老君阁下有标志着彭祖峰的呼应亭。登临此亭，只见远处岷江如练，横亘天边；近旁群山如涛，满目碧翠，不觉心旷神怡。

陆 陶弘景与三茅山

位于江苏省西南部的茅山,原名"句曲山",是道教十大洞天中的第八洞天,七十二福地中的第一福地。因地处亚热带,气候湿润,故茅山虽海拔仅370米,但也终年云雾缭绕,青竹繁茂,颇有灵仙之气。

茅山与道教关系较久远。相传西汉景帝时,就有茅盈、茅固、茅衷三兄弟在此修炼,为民治病,最终得道成仙。后人为纪念他们,遂将"句曲山"改称为"三茅山",又简称为"茅山"。从西晋起,茅山逐渐成为江东道教圣地。西晋时,女冠魏华存曾在茅山修道,后被尊为茅山宗开山太师。东晋许谧与杨羲曾在茅山合撰《上清经》。后来又有葛洪、许迈,南朝梁时的陶弘景、唐代的吴筠等人相继在此修道。其中,以陶弘景对茅山道教的贡献最为卓著。

如前所述,魏晋时期的统治者们对黄巾起义造成的社会危害还心有余悸。因此,东迁后的晋室,也与北魏一样对道教采取以限制甚或镇压为主,以改造和利用为辅的政策。而东晋的上层人士也有意识地按照自己对教义的理解重新改造南方的道教组织。其中,无论是从科仪规制还是从思想体系,东晋与南朝时期有两位道人对这一时期的道教做出了突出的贡献,他们是东晋的葛洪和南朝的陶弘景。

葛洪出生于道教世家,叔祖葛玄曾随从曹魏时期著名的术士左慈学道,在理论上也颇有建树,被道教徒尊为葛仙公。葛洪秉性聪明,原本有治国平天下的政治抱负,但在仕途上一直郁郁不得志,只得传其家学,秉承叔公之道,独善其身。不料,却在道教中有所成就,形成了一套有系统的神仙理论。

葛洪的思想主要记录在他的著作《抱朴子》内外篇

中。葛洪可以说开"内道外儒"之先河：内道用以养生求仙，外儒用之兼济天下，将道教神仙学体系和儒家纲常名教紧密结合，充分体现了魏晋玄学家儒道互补的特色，当然也回答了当时门阀士族急待解决的生命问题。葛洪不仅用理论丰富了当时还较贫乏的道教教义，开南方道教注重教理的风气。更重要的是，葛洪所强调的修仙必须以遵守儒家伦常为先决条件，使得原本草根文化的道教染上了一层儒雅精致的色彩，将道教改造为符合统治者需要的宗教。

葛洪之后，在南朝对道教发展有影响的首推刘宋时期的陶弘景。陶弘景生于刘宋孝建三年（456）。史称陶弘景："幼有异操。年四五岁，恒以荻为笔，画灰中学书。至十岁得葛洪《神仙传》，昼夜研寻，便有养生之志。谓人曰：'仰青云，睹白日，不觉为远矣。'"（《南史·陶弘景传》）但直到南齐武帝永明十年（492），三十六岁的陶弘景欲求县官一职不成，才决定不求官职，专心修行。陶弘景退隐到江苏句容境内的句曲山，即今茅山，自号为华阳隐居。修行多年后，陶氏声名大振，齐梁诸帝屡次请他出山，但为他所辞。陶弘景隐居茅山四十五年，于梁武帝大同二年（536）时去世，享年八十一岁。

陶弘景学识渊博，一生著述甚多，并不局限于道教，还包括天文、历算、地理、兵学、医药学，乃至文学、艺术、经学等。

陶弘景对道教理论进行了系统化的整理与提炼。他对道教的贡献主要体现在三个方面：一是在弘扬上清经的基础上开创茅山宗；二是发展道教的修炼理论；三是创建道教神仙谱系。其中，对茅山影响最大的就是开创茅山宗。

陶弘景在继承了杨许所传《上清经箓》的基础上，纂《真诰》《隐诀》，注《道德经》等书二百余卷，弘扬上清经法。在茅山，经他及众弟子数十年的苦心经营，上清派的教理和组织逐渐完备，茅山已成为道教上清派的中心，因而后来上清派也被称为"茅山宗"。其中，陶弘景在《真诰》中吸取佛经《四十二章经》中的"地狱托生"之说。援佛入道，这是陶弘景及茅山宗教义的特征之一。

茅山的道观最早修建于道教兴盛的南朝齐时。首先是上清道士王文清曾在大茅山下创建崇元馆，二十年内，远近男女相约前来祈福。此后，南齐高帝萧道成（479—482）为宋齐隐居山林的道士薛彪之、蒋负刍，先后敕立金陵馆、宗阳馆以供他们隐居修真。后来齐明帝萧鸾又于建武五年（498），为薛彪之在茅山修建洞天馆。

由于茅山道馆众多，加之临近都城建康，故每年三月十八日，官民云集，车马骈填。人们一起登山，习唱灵宝斋仪，热闹非凡。至梁、陈时代，茅山上所建馆、观更多，梁武帝萧衍为陶弘景于茅山立朱阳馆，为许翙玄孙许灵真立嗣真馆。这些敕建的道观往往还配备有自己的田产，如陶弘景就在他的自述中提及，他在茅山的道馆有田十余顷，都由隐居馆中的门人弟子耕植。而在他离开京城建康去茅山时，南齐的宜都王、武陵王除了馈赠他裘皮、宝镜之外，还拨给他在山中役使的吏役数人，并派专人经纪。

隋唐五代，是茅山道教的鼎盛时期。有大批道士来此山修道，其中道行高者相继嗣法成为茅山宗宗师，如王远知、潘师正、司马承祯等人。茅山宗的这些宗师中，王远知最为了得。

王远知活动于隋唐之际，他热衷政治，善于观察政治风向，颇有"山中宰相"陶弘景之风，因此先后受到陈朝、隋朝和唐朝历代统治者的赏识，待遇优渥，并使茅山宗获得发展机遇。隋炀帝曾对王远知亲执弟子礼，专门在都城长安为他修造玉清玄坛，请他到长安为隋室出谋划策。隋末大乱，王远知改换门庭，密传李渊符命，寻求新的政治靠山。在他的努力下，茅山宗也获得了李唐王朝的青睐。唐贞观年间，太宗李世民为王远知在茅山置太平观，并度道士二十七人作为他的侍者。正是由于王远知的努力，除太平观外，崇元观和紫阳观也在唐初由唐太宗敕建，地位崇隆。王远知的弟子潘师正先随王远知在嵩山修道，受三洞隐诀真文，后随之还茅山修道。道成后，王远知遣其返回嵩山弘传上清道法，潘氏对茅山宗在北方地区的弘传功绩卓著，此乃后话。

北宋时期的道派以茅山宗最为兴盛，传授世系也比较清楚，统计起来共有八位宗师。因此茅山宗的符箓道法在社会上也十分流行，特别是所谓的"五雷法"，呼风唤雨，甚为神奇。《水浒传》中，公孙胜的道术应该属于此类。宋元时期，茅山仍然高道辈出，其嗣法宗师从二十代成延昭到四十五代的刘大彬，大部分被朝廷尊宠有加，因此，也就有充足的资金修建大批宫观。仅在宋初，太宗至道二年（996）时，就有内侍裴愈上言称，茅山道观凡九处，有水田三百顷。而且这些水田的租税尽免。同时，朝廷还诏令金坛、句容两县税收的相当部分供给茅山各道观，以便它修葺以及三元斋醮之用。由此可知，当时朝廷对茅山道的重视与恩宠。茅山的"三宫五观"，即九霄万福宫、元符万宁宫、崇禧万寿宫和德佑观、仁佑观、玉晨观、白云观、乾元观大多建成于宋元时期。据《茅山志》记载，当时茅山的三宫五观、七十茅庵中，有殿宇房屋三千多间，道士数千人之多，兴隆之势可见一斑。明清时期，茅山道教仍然香火隆盛，但大规模的宫观修建情况不再，仅是对已有的宫观进行修葺而已。

位于茅山主峰大茅峰顶的九霄万福宫，也称为"顶宫"。它是一座依山而建的建筑群，共有四进殿宇，层层而上。第一、二进分别为灵官殿和藏经楼，是整个建筑的序曲，第三进才是九霄万福宫的主体建筑，名为太元宝殿，殿内供奉着三茅真君的圣像。而第四进的升表台和二圣殿，除了它的建筑外，九霄万福宫内所陈列的茅山"镇山四宝"——玉印、玉圭、玉符、哈砚，均为宋代珍品，价值连城，十分珍贵。

元符万宁宫位于积金峰山麓，本为茅山道教的藏印之处，因此也称为"印宫"。此宫始建于唐，兴盛于宋。相传宋哲宗在位时，其母孟太后误吞银针，危在旦夕，御医束手无策，恰在此危急时刻，茅山宗二十五代宗师刘混康应诏进京救治。据说，刘道士不过是画了一张符让太后吞下，太后服后立即呕吐，银针自然随之呕出，性命当然也就保住了。宋哲宗一时龙颜大悦，下令重建刘混康所居住的道观，并赐名"元符宫"。同时，还赐给刘道士四件宝贝：一块上刻"九龙仙都君印"的玉印，后成为茅山道院的山印；一块有墨色花纹，形如蝙蝠的玉圭；一件玉质镇心符，上刻"合明天帝日"字样的玉符；最后是一块形似金鱼的硅质砚台，据说放在手中

"哈"一下，就能润笔写字，故称为哈砚。这四件皇室的宝物从此也就成为茅山的镇山之宝。

万宁宫现存两座宫殿和一座道院，占地约八十亩，宫观建筑共有百余间。主要建筑有观看星斗及气象的睹星门、石牌坊、大王殿、灵官殿、东岳殿、老君殿、三天门、老君露天神像等。在石牌坊东西两侧，各有一米见方的四个石刻大字"第一福地"与"第八洞天"，相传是宋代苏东坡所书。东侧是一幅用青砖砌成的八卦阵图，塑有青龙、白虎、南北二斗及护法神缮等神像。修于明代的三天门，雕刻精美。而万宁宫内的"黄鹤常临"是康有为的"众妙"石刻，刚劲有力。

在茅山东麓的青龙山南腰，是规模稍小的乾元观，曾是茅山的"三宫五观"之一，主要建筑有灵官殿、三清殿、斗姆阁、八卦阵等。

茅山上还有许多石灰岩溶洞，有所谓的"二十六洞"之说。其中久负盛名的华阳洞、玉柱洞、仙人洞等都与道教有着千丝万缕的联系。

华阳洞位于积金峰附近，为茅山最大的溶洞。其洞口上的题额"华阳洞天"四个大字,为清代康熙皇帝亲手所书。而唐代诗人韩愈的诗句"想君直入华阳洞,割取乖龙左耳来",就是指此洞。仙人洞在华阳洞附近,位于大茅峰北侧,洞深数百米,上下有三层,相互贯通。下层洞中,石笋、钟乳石、大理石随处可见。洞内怪石嶙峋,流水潺潺,溪、涧、桥、石交错,形成一幅光怪陆离的地下世界;中层洞开阔通透,形似大厅。内中的石灰岩结晶体颜色各异,似白玉、似云霞、似碧竹,千姿百态;上层洞云雾缭绕,人行其中,似腾云驾雾、飘飘欲仙。玉柱洞位于仙人洞南侧,因洞中有一高大石柱而得名。此石柱直径两米,高三米,呈螺旋状。石柱颜色深褐,表面光洁可人。此石柱实为年岁久远,由地上的石笋与上面的钟乳石经过上万年的凝华连接而成。

柒

皇室家庙武当山

武当山，又名太和山，也称玄岳，位于今湖北省西北部丹江口市境内。武当山西接秦岭山脉，南临大神农架，绵亘八百余里，山势雄伟峭拔、层峦叠嶂，号称有七十二峰、三十六岩、二十四涧。主峰天柱峰海拔虽只有1612米，但雄峙苍穹，高峻挺拔，被誉为"亘古无双胜境，天下第一仙山"，名列七十二福地中的第十位。

在道教典籍中，武当山是上古玄武神，也就是真武神修仙得道飞升之地，因此顺理成章地成为世人敬奉这位"玄天真武上帝"的地方。在道教神仙体系中，玄武帝的职责是镇守北方，住在天乙真庆宫，赐号"玉虚师相"。不过除了本职外，这位玄天上帝还兼领九天采访使。作为四灵之一，玄武原型是龟蛇。宋真宗时为了避祖先赵玄朗的讳，改玄武为真武。

据说武当山的得名是由"非真武不足以当之"而来。不过，武当山在道教徒心目中的地位主要来自于那些修行得道的高道们。据道书记载，在武当山修行的道士，晋代时有谢允、尹轨，南朝有刘虬，唐代有姚简，五代宋初有陈抟，明代有张三丰，他们都是在道教历史上赫赫有名的高道。

武当山的道观最早可追及唐初贞观年间（627—649），当时武当山上有太乙观、延昌观等宫观。宋元两代，北方真武信仰兴盛，皇室亦笃信真武神，真武神被奉为"社稷家神"。尤其是蒙古人起于北方，他们认为应该由北方大神真武庇护，故入主中原后特别尊崇真武帝。武当山自然恩宠倍之，当时号称有九宫八观，坐拥良田数百顷，供养道众万余人。可惜元朝末年，武当山上的建筑大部分毁于兵火。

明初，燕王朱棣以"靖难"为名起兵，夺得侄儿建文帝的皇位，他后来成为历史上颇有些建树的明成祖。即位后，朱棣声称当年他在"靖难之役"中一直受到真武神的鼎力相助，"每两阵相对，南兵遥见空中'真武'二字旗帜，皆攻后以北也"，故他夺得帝位后，便加封真武帝为"北极镇天真武元天上帝"，以表明其"靖难"的合法性。武当山因此大大地发达起来：朱棣不仅多次派人到真武飞升之地武当山朝拜祭礼，而且遣隆平侯张信等率二十多万工匠，用了十二年的功夫，在武当山兴建了净乐宫、迎恩宫、玉虚宫、紫霄宫、南岩宫、玉龙宫、遇真宫、太和宫、复真观、元和观等八宫二观、三十六庵堂、七十二岩庙。此外，还修建了三十九座桥、十二座亭子以及从山麓到金顶的70余公里的登山神道，使整个武当山成为一座"真武道场"。当时修建武当山宫观是完全按照"真武修仙"的道教故事，采用的是皇家建筑法式，对全山的宫观进行统一设计布局。因此，各个宫观的规模大小、间距疏密都恰到好处。这些宫观因山就势，错落有致，前呼后应，巧妙布置：或耸立于高山险峰之巅，或镶嵌于悬崖绝壁之内，或隐藏于深山丛林之中，体现了建筑与自然的高度和谐，达到了"仙山琼阁"的意境，被后人誉为"我国古建筑成就的展览"显然并不为过。当时的武当山不仅拥有全国最宏伟的宫观建筑，而且供养了全国最庞大的教团组织。山中各宫观，少的有道士300—400人，多的则达500—600人，规模空前宏大。

由于武当山成为明朝皇帝直接控制的武当道场，武当山也就获得了"皇室家庙"的称呼，被誉为"天下第一名山"。目前现存的主要建筑，如金殿、紫霄宫、遇真宫、复真宫、玉虚宫等三十六处宫观大多是明代所建。除古建筑群外，历代统治者及四方信士，特别在明朝的鼎盛时期，曾制造数以万计的金、银、铜、铁、锡、玉、珠、石、泥、丝、木等质地的神像法器，安放于此，使得武当山各宫观陈设富丽堂皇，有"黄金白玉世界"之誉。

历经明清鼎革，兵火燹毁，武当山的道观建筑大多被毁，但保留下来的紫霄、太和、金殿、南岩、遇真、玉虚等六宫以及复真、元和二观和磨针井、玄岳门等建筑，仍是目前国内最为可观的道教宫观群。

建于明永乐十一年（1413）的紫霄宫，是目前武当山现存宫观中规模最大、保存最完整的一座，共有殿宇、楼阁、廊庑八百六十余间，规模宏伟，气派非凡。紫霄在道教中原本是指仙气弥漫的天空。据《真武本传妙经》记载，紫元君超度玄帝到武当山修炼时就叮咛他说："摘其众峰冲高紫霄者居之。"所以将武当山的主宫命名为"太元紫霄宫"。果然，紫霄宫的位置在武当山诸观中确属一流：背依势若奔腾的展旗峰，面对照壁、三台、五老、蜡烛、落帽、香炉诸峰，右为雷神洞，左是蓬莱第一峰，宫前是禹迹池，再前为宝珠峰，四周山峦天然地形成了一个让风水师盛赞不已的"二龙戏珠"的宝椅形势，所以永乐皇帝封此地为"紫霄福地"，应该说是实至名归。

具体到现存的紫霄宫殿宇来看，整个建筑分为四进，依山势层层而上。宫观四周环以朱红色的高墙，十分气派。宫内主要建筑依次是龙虎殿、十方堂、紫霄殿和父母殿。龙虎殿塑有身穿甲胄、手持戈戟的青龙、白虎神像，各高丈余，形象威武。再后是十方堂，供奉灵官所用。十方堂后才是整个紫霄宫的正殿紫霄殿。

紫霄殿建在一个三层高的大石台上，进深面阔均为五间，重檐九脊，皆用翠瓦丹墙，并饰以龙凤，规制较高。紫霄殿内的额坊、头拱、天花绘有五彩图案，藻井中的浮雕为"二龙戏珠"，并有三十六根巨大的杉木柱顶立其间。整个紫霄殿飞金流碧，富丽堂皇，颇有皇家气派。殿中的石雕须弥座上的神龛内供奉明朝御制的铜铸饰金真武神像。不过，与别处的真武神像不同，这里供奉的真武神像分别为真武老、中、青和文、武装束的塑像。真武两旁侍立着金童、玉女、赵天君、关天君、马天君、温天君、水火二将。这些神像各高五尺左右，皆为铜铸重彩，只是神态各异，排列有序，象征天宫仪仗。而神案上陈列着御制香炉、蜡台、宝瓶、海灯等供器，也都是铜铸鎏金，浑然一体，熠熠生辉。在神案的正中，置放着明万历四十四年（1616）铸造的铜质武当模型，上铸有金殿、天门、神道、真武、二仙传道、玉皇、老母磨针、五龙捧圣，黑虎巡山、梅鹿献芝、猕猴献桃、龙凤等，造型精美，惟妙惟肖。另外，在紫霄殿中还收藏有一对"铁树开花灯"，是用龙凤、孔雀、花叶等装饰。这一宝物为国内仅有，已被定为国宝。

紫霄殿后是父母殿，殿内供奉着真武大帝的父母。依照道教的说法，真武神的父母分别是净乐国王明真大帝和善胜皇后。

与紫霄宫同时兴建的还有玉虚宫。玉虚宫全称是"玄天玉虚宫"，它是因为真武神在道教中被称为"玄天上帝""玉虚师相"而得名。永乐年间，武当山大兴宫观时，这里有军队驻扎，因此俗称为"老营宫"。初建时，玉虚宫是一座五进三路的院落，内有龙虎殿、启圣殿、元君殿、小观殿及一系列堂、祠、庙、坛、亭等二千二百余间，是武当山中规模最为可观的宫观。其规制之宏伟，只有北京太和门、太和殿可比。明朝著名的文人王世贞曾有诗赞曰："太和绝顶化城似，玉虚仿佛秦阿房。"由此可以想见玉虚宫当年的气派！玉虚宫在嘉靖三十一年（1552）时曾经重新修葺过。然而，其大部分仍毁于清乾隆十年（1745），以后又陆续倾圮。目前仅存部分建筑和重达百吨的"龟驮碑"亭四座。

现存玉虚宫的宫门十分华美，下有精雕细刻的琼花须弥石座，券拱三孔，两翼八字墙上镶嵌着琉璃的琼花图案。宫门后是一个占地40余亩的院落，一色的青砖铺地，显得十分素雅。穿过玉带河，是二宫门，内为层层高台拱卫的龙虎殿、朝拜殿、正殿、父母殿等遗址。宫墙东为东宫，也称为东道院，内有砖室、浴堂、神厨、龙井等遗址。宫墙西为西宫，有望仙台、水帘洞、御花园、无梁殿等遗址。

玉虚宫不远处是太和宫。太和宫初建时共有殿堂七十八间，明末嘉靖年间再行扩大，达五百二十余间，据称这是太和宫最兴盛时的规模。不过，如今仅存正殿、朝拜殿、钟鼓楼、铜殿等。正殿，也称太和殿，同样供奉着真武大帝。

卓然屹立在海拔1612米天柱峰绝顶的金殿，建于明永乐十四年（1416）。据说，该殿及殿内神像、香案、供器，都是在北京铸造好后运到武当山的，可见此殿的规格极高。金殿的殿基是用精雕的花岗石砌成，四周装饰着华丽的白石花栏杆。金殿进深三间，整体高达5.5米，宽5.8米，进深4.2米，为铜铸鎏金仿木结构，是我国最大的铜铸鎏金大殿。金殿正中的宝座上供奉着真武大帝的铜铸鎏金像，高达1.8米，重约10吨左右。真武神像着袍衬铠、披发跣足，丰姿魁伟。侧旁侍立的玉童、玉女，手捧书册、端着宝砚，娴雅俊逸。水火二将则擎旗捧剑列立两厢，显得勇猛威严。这组雕像刻画得十分细腻，性格鲜明，相互照应，浑然一体，是我国明代的艺术瑰宝。神案下还雕塑有龟蛇二将，只见蛇绕龟腹，二者翘首相望，栩栩如生。而殿内的神案、供器、几案均为铜铸鎏金，也算是世界罕见的铜塑精品。不仅如此，金殿内可以说是到处有宝。比如殿内金匾上书有"金光妙相"四字，是清代康熙皇帝的手笔。而殿内藻井上悬挂着的铜制鎏金宝珠，名为"避风珠"。相传此珠能镇压山风，山风无法吹进金殿大门，确保殿内神灯常明不灭。这当然不是什么超自然的能力，而是我国古代工匠高超技艺和智慧的结晶。

　　永乐年间同时兴修的宫观还有太子坡，也名"复真观"，位于登金顶的神道上。太子坡背依狮子山，面对着千丈幽壑，右为天池，左是下十八盘。从复真桥拾级而上，却见山门耸立在云端，红墙碧瓦，门楣砖雕匾额上刻着"太子坡"三个大字。门内依山势的回转起伏，建夹墙复道，犹若波浪起伏，有"九曲黄河墙"之称。太子坡从进门到出门，有所谓的"一里四道门"，即是说太子坡纵深约一里，共有四进院落。二道门内，左为拜台，右为化香炉，中为照壁。穿过龙虎殿，大院内是饰栏高台拱拥着主殿，主殿同样是涂彩饰金，雕梁画栋，华美壮观。主殿左侧院落是供接待所用的客堂和道房，甚为幽静适雅。院前依傍岩石修建的五云楼，又称五层楼，其间十二根梁坊交叉迭搁，下仅以一柱支撑，结构之奇特，计划之周密，技艺之精湛，可谓巧夺天工，这就是古代木构建筑的杰作"一柱十二梁"。至今历经数百年，仍保存完好。从五云楼折上，是皇经堂和藏经阁。藏经阁前金桂丛生，每年仲秋，这里桂花飘香，是复真观的一大胜景。沿正殿后的夹墙复道左折右拐，攀登数十级石阶，便是位于该观最高处的太子殿，殿内供奉着真武童年时的塑像。在太子殿背后或俯视深壑，曲涧流碧；或纵览群山，千峰竞秀；或远眺金顶，烟云迷离。总之，游人在此可充分领略到"鸟向日边度，人从天上回"的奇景。

由太子坡向上是景色秀丽的南岩。南岩又名"独阳岩"、"紫霄岩"，被认为是真武得道飞升的"圣境"。这里峰岭奇峭，林木苍翠，上接碧霄，下临绝涧，可谓是"武当山三十六岩"中最美的一处。永乐十一年（1413）大修后，当时有宫殿、道房、亭台等大小房间一百五十余间，并获赐额"大圣南岩宫"。到嘉靖三十一年（1552）又扩大到四百六十余间。不过，现在仅存石殿、南天门、碑亭、两仪殿等少数建筑。

玄岳门，晚于上述宫观，是明嘉靖三十一年（1552）时修建的。其实，玄岳门只是一个三间四柱五楼式的牌坊，高12米，宽12.8米，石凿榫卯而成，因为坊额上镌刻着嘉靖皇帝亲自书写的"治世玄岳"四个大字而得名。嘉靖皇帝的手书倒是笔势隽永刚健，颇为可观。

在天柱峰东南麓约10公里有一座宫观，名为"琼台观"。实际上，琼台观不是一个宫观，而是一组宫观：分为上、中、下三个。这个宫观历史比较悠久，元代时即有记载，不过当时名为"琼台宫"。明清时期一直对此观加以修葺，规模最大时可达二十四座道院，庙房数百间。可惜的是，清咸丰六年（1856），整个宫观毁于兵火。我们现在所看到的是后来修复的部分庙房。

比琼台观历史更为悠久的，是灵应峰下的五龙宫。该宫的前身是唐贞观年间太宗遣人致祭的"五龙祠"。不过，在明代永乐年间武当山大兴土木之时，它也得以扩建，新修了帝殿、山门、廊庑、玉像殿、父母殿、启圣殿、祖师殿、仓库等二百一十余间房屋。此后又不断扩建，到嘉靖年间达到八百五十余间的规模。只是这些建筑在民国十九年（1930）的一场大火中被毁。我们今天只能从所存的大量遗迹中想象其盛时的壮观景象了。

除了那些规模宏伟的宫观，武当山上几乎可以说随处有宝。比如，在武当山宫观内仍存放着十二座石制的赑屃，赑屃身上驮着大石碑，碑上刻着永乐皇帝当年敕建武当山宫观的圣旨。由于赑屃形似龟，故人们俗称为"龟驮碑"。这些"龟驮碑"中最大的高达9.52米，有

1020吨之重。赑屃们一个个高昂着头，蜷曲着尾，四肢用力，虽力举千钧，却又稳如泰山。

从武当山宫观的修建历史中，我们可以发现，这里所谓的"五里一庵十里宫，丹墙翠瓦望玲珑，按台隐映金银气，林岫迴环画镜中"的人间仙境，不过是人力所为而已。

捌 正一祖坛龙虎山

龙虎山位于江西省鹰潭市境内,为天师道创始人张道陵修炼的祖坛,后成为历代张天师们的居住之地,名列第二十八福地。

龙虎山为典型的丹霞地貌,群峰竞秀,灿若云霞,故又名"云锦山"。因地处亚热带湿润地区,山峦叠翠,林木葱茏,以二十四岩、九十九峰、一百零八景、二十多处神井丹池和流泉飞瀑著称于世。《水浒传》第一回"张天师祈禳瘟疫,洪太尉误走妖魔"就以"千峰竞秀、万壑争流。瀑布斜飞、藤萝倒挂"的生动文字描写龙虎山的景色。龙虎山之名由来,一说与祖天师炼丹有关,一说是因山势"状若龙虎":一山曲折盘旋如蟠龙,另一山背卧如伏虎,形成龙虎对峙、龙蟠虎踞的壮观景象,这从另外一个角度说明了龙虎山的山势险峻、景色奇异。

不过,流传更广的是,龙虎山的得名缘于祖天师张道陵的一段神奇经历。东汉顺帝年间,政局动荡,祖天师张道陵行舟自鄱阳湖逆水而上,行至龙虎山时,被龙虎山壮观的云锦石所吸引,便决定在此结庐而居,专心炼制"九天神丹"。奇妙的是,丹成而龙虎现。因此,他将云锦山改名为"龙虎山"。此说当然充满神话色彩,但张天师一脉自南北朝以后在龙虎山承袭数十代,历经一千余年,成为我国一姓嗣教最长的道派,素有"北孔(孔夫子)南张(张天师)"之称,这也是道教史上的奇迹。

事实上,如前文所述,张道陵是在西入巴蜀后才创立天师道。经其子张衡传到张鲁,在汉中巴蜀地区兴盛了一阵,待张鲁降曹后,其弟子便从史籍中消失,从此寂寂无闻。而龙虎山张天师的传承,有两种说法:一说称第四代天师张盛没有跟随张鲁北上许昌,而是携祖传印剑,自汉中回到龙虎山,在山间建立了一座"传坛",

以龙虎山为根据点传播天师道，从此传承不替；另一说是，天师张道陵的第十二代孙张道裕，在南朝梁天监二年（503）时来到龙虎山隐居修真。"道士沛郡张君，讳道裕，字弘真，即汉朝天师陵十二代孙。天监二年(503)，来至此岫，栖遁十有余载。夜忽梦见圣祖云：'峰下之地，面势间寂，宜立馆宇，可以卜居。'"(《全梁文》卷十四梁简文帝《招真馆碑》）此后，张道裕始在龙虎山上修建道观，并真正在龙虎山建立起天师道的基地。显然，后一说法更为可信。

唐代，居住此地的张天师开始被赐有封号，只是头衔不统一，诸如法师、国师、先生、真君、大真人、大夫等，不一而足。甚至有不少张天师官居一品，位极人臣。入宋以后，统治者仍然对龙虎山的天师道青睐有加，宋真宗曾召见第二十四代天师张正随，并赐封为"真静先生"，正一教主，主领三山（龙虎山、茅山、阁皂山）符箓。吏部尚书王钦若趁此机会，为龙虎山奏请设立"授箓院"。宋真宗还赐钱在龙虎山扩建上清观，不仅豁免上清观的田租，而且恩准天师们采取世袭制。从此，嗣任的天师们都袭封"先生"称号。不要小视这一称号，这可是当时道士中最高的阶位。因此，龙虎山道教随之兴旺发达，大批的道教宫观正是在此时修建起来，如著名的上清宫、正一观等。偏安的南宋朝廷，对道教的扶持也只能局限于南方一隅。在南宋王朝的羽翼下，形成以龙虎山、茅山、阁皂山所谓的"三山符箓"为中心的南方符箓派，即仍以传统的符箓派如正一、上清、灵宝为主，另外还有净明道和内丹派南宗，以及新兴的东华、神霄、清微等符箓道派和金丹派南宗。这一时期，虽然南方道教流派形成了正一、上清和灵宝三足鼎立的局面，但只有龙虎山的张天师道受到南宋各帝的优宠，不仅大修龙虎山的上清宫，优礼历代天师，宋理宗甚至还加封祖天师张陵为"三天扶教辅元大法师正一靖应显佑真君"，钦定龙虎山为江南符箓道派的统领，主管三山符箓。龙虎山张天师道因此取得了统领符箓诸派的显赫地位，而茅山宗的地位明显下降。南宋一代茅山宗共立十五代宗师，受到朝廷征召赐号。但除了蒋宗瑛外，这些宗师并无著述传世，也就不可能有教义上的发挥。因此，在龙虎山张天师道的强劲竞争下，茅山宗的主流地位受到了挑战。至于由灵宝派衍化而来的阁皂宗，因将其传播领域界定在社会下层，他们的道士主要活动在民间，也就少有受朝廷征召赐封的高道，故影响和地位自然不能与茅山、龙虎二宗相比。

南宋末年，张天师道即与元室攀上了关系。元世祖忽必烈在灭南宋之前，效法成吉思汗对丘处机的礼聘，曾遣密使入龙虎山，据称是向三十五代天师张可大密求符命，而张可大也仿王远知与唐太宗的故事，声称元室二十年当统一天下。基于这一机缘，南宋灭亡后，忽必烈于至元十三年（1276）召见张可大之子，第三十六代天师张宗演，命其主领江南道教，并赐银印。第二年（1277），世宗再赐宗演为"演道灵应冲和真人"，赐二品银印，命主江南道教事，准许自主牒度人为道士。此后，历代正一天师皆被元室封为"真人"，并获得了袭掌三山符箓、江南诸路道教事宜的重任。

元世祖对张宗演的两次接见，具有划时代的意义，使"天师"成为正式的道教头衔和职务。在此之前，张陵后人虽自命天师，民间也如此称呼，但从未得到官方认可，宋代皇帝也仅仅赐以"先生"之号。只有到了忽必烈时，才在其《制》文中大方地称宗演为"嗣汉三十六代天师"，表明官方正式认可"天师"的头衔。这一头衔直到明太祖即位后才被取消。而从职责上看，南宋末年张可大受命提举三山符箓，可谓权限不小，但比起其子张宗演在元代获得的主领江南道教事宜来，就相形见绌了。

从此，张天师道便与全真道分治南北，成为道教诸派中发展最快的流派，在元代的势力范围内，仅次于全真道，甚至全真道在江南也受其铃辖。江南道教各派宫观的赐额，道官、道职的任命，道官封号的赐予等，理论上都必须经过张天师的首肯和转达。因此，张天师们的首领地位日渐巩固，到元代中后期，以天师为首领的龙虎宗逐渐发展为南方道教的重心，并将其他的道教符箓派统一起来，最后组成一个大的道派——正一道，完成了由全真、正一两大道派分据南北方的地理格局，而曾兴盛一时的茅山宗和阁皂宗，从此寂寂无闻。

明太祖朱元璋夺取政权后，首先制定了以儒教为主、三教并用的政策。与以前的皇帝一样，他也用道教来证明其"君权神授"。而这一过程当然需要道教人士的积极配合。因此，他对势力强大的正一道礼遇优渥。龙虎山道教也因此十分兴盛。这一时期最著名的天师，是第四十三代天师张宇初。他除了熟谙家传的符箓教法外，还精通内丹术和儒家的经籍，成为当时名扬远近的高道，对龙虎山道教的发展颇有贡献。

与元代一样，明王朝对道教的管理也十分严格，建立起完善的管理机构。最早的道教机构是明洪武元年（1368）所创立的玄教院，到了洪武十五年（1382）改设道录司，掌理天下道教事宜。道录司内设有左右正一、演法、至灵、玄义等官各二人，其中正一官品最高，是为正六品，由此也显示明王室对正一道的器重。在地方上，则设立道纪司、道正司、道会司来管理道教事宜与散落在民间的道士，以防止他们成为社会不稳定因素。根据规定，这些机构的官员都是一些道行高洁、精通经戒的道士，工作内容是负责规范与约束道士们的行为，核实道观和道士的数量，审核道士的度牒（道士身份证）等。

明王朝表面上对各个道教派别一视同仁，实际上最重视正一道，其政治地位高于北方教派的全真道。表面上是因为朱元璋认为全真道只是修身养性、独善其身，而正一道益人伦，厚风俗，稳定社会，功效卓著。但其实是因为，朱氏起家于江南，属于正一道传统的分布区域，而第四十二代天师张正常也曾预告朱元璋"天运有归"的符命。这些应该才是朱明王朝推崇正一派的真正理由。终明之世，正一道都比全真道更为兴盛：从第四十二代张天师起，开始掌管天下道教事宜。第四十三代天师张宇初尤其受到优待，不仅被授予"正一嗣教道合无为阐祖光范真人"的称号，还让他编修道教书籍。不过，张宇初在历代张天师中，称得上是博学能文的，著述不少。他撰写的《道门十规》，针对当时道教内部的积弊，提出一系列的清理方法。他的另一本著作《岘泉集》侧重理论，主要讲述天人之学以及老子之学与内丹道之间的关系，将内丹与符箓统一起来。显然，这是一位理论素养与管理能力全面发展的人物。此后，虽然历代张天师都受到明王室的尊崇封赐，管理天下道教事宜，地位甚高。同时，正一派内部也出现过一些学术素养较高的道士，像刘渊然、邵元节、陶仲文等人，但正一道内大多数道士素质不高，在教理、教制上无所建树，因此明中叶以后，正一道日渐衰落，社会影响力减弱，组织发展停滞。

清代的统治者对道教缺乏信仰和兴趣，但是为了笼络汉人，也利用道教作幌子。只是到了这一时期，道教和民间秘密宗教、秘密会社的关系十分暧昧，清室对此不得不严加防范，免得"蛊惑愚众"。整体来讲，清代皇帝在对待道教方面，表现出少有的理性，比如康熙，一方面对全真道在北京的阐教活动予以支持，对正一道首领照例行封赐；另一方面，又认为"长生久视"于世道无补，求方药的行为与想法都很愚蠢。其子雍正则略有不同，他在提倡"三教各有所长、缺一不可"的理念下，对道教的功用给予肯定，并在优礼天师后嗣及龙虎山道士方面也表现得相当大度。雍正之子乾隆则没有其父大度，他对道教活动严加限制，这也是因为当时许多民间起义打着道教旗帜的缘故。乾隆将正一道的组织发展严格地限制在龙虎山，禁止张天师到其他地方传道授箓，还将正一真人的品秩由二品降到了五品。不过，乾隆帝对所有宗教都持严厉态度，倒不只是针对道教。在这样的背景下，道教地位不断下降，组织发展受到制约，教理教义也毫无创新。道光时，甚至中止了正一真人上京朝觐，彻底断绝了正一道与皇室的关系，使得正一道转而向民间寻求发展机会，并进一步向边远地区和少数民族地区传播。

龙虎山上最早的道教宫观，有史可考者是唐会昌年间（841—846）所建的真仙观。南唐时，建张天师庙。宋元年间，天师道极盛，龙虎山地区曾先后建有十大道宫，八十一座道观，五十座道院，十个道庵。然而因屡遭兵火，多数宫观早已废圮，保存至今者只剩上清宫的部分建筑与天师府。其中，历代天师祀奉太上老君和朝会之所的上清宫曾是我国规模最大、历史最悠久的古老道宫之一。

上清宫位于龙虎山下，上清镇东端。初建于西晋永嘉年间（307—312），不过当时名为"传箓坛"，唐代才更名为"上清宫"。由于历代王朝拨出大量金银修建，上清宫最盛时曾有二十四殿、三十六院及其他建筑,被称为"神灵所都,百神授职之所"。清代康熙帝曾御书"太上清宫"。后因战火,上清宫毁坏严重,现仅存福地门、九曲巷、下马亭、钟楼、龙虎仙峰、玉门殿、东隐院等少数殿宇。但上清宫内收藏了大量的碑刻,其中元朝书法家赵孟頫所书的碑刻就有二十五通。

与上清宫分处上清镇另一端的天师府是我国目前保存较好的封建时代大府第之一,也是我国现存的规模最大的道教建筑之一。天师府濒临泸溪河,全称为"嗣汉天师府",又被称为"大真人府",为历代张天师起居和祀神的地方。天师府初建于宋代。府内现存的殿、堂、楼、阁等多为清乾隆、同治年间依旧制修葺而成。

天师府坐北朝南,建筑群以府门、二门、私第为中轴线,分东、西、中三路形成八卦形,即以三门为主体的前路建筑;以私第为主题的中路建筑;以万法宗堂为主题的西路建筑。

前路建筑以府门起始。府门为坐北朝南的五开间建筑,碧瓦红墙,丹楹朱扉,上悬"嗣汉天师府"直额,前正中两柱上有抱柱对联一副:"麒麟殿上神仙客,龙虎山中宰相家。"门前一对石麒麟。循甬道前进约五十米,即达二门。二门上悬额"敕灵旨",六扇门上分别画有六尊门神:秦琼、尉迟恭、程咬金、单雄信、罗成、杨林。进入二门沿甬道往北,道中有一眼古井,曰"丹井",或称"灵泉井""法水井",相传是南宋著名道士白玉蟾奉天师法旨所凿。经古井再北为玉皇殿。玉皇殿原是历代张天师的演法大堂,初建于明嘉靖五年,为一重檐歇山式建筑,殿宇巍峨,祀玉皇大帝。有康熙御书"碧城"匾额和乾隆御书"教法宗传"匾额。玉皇殿西南为钟亭,内置原大上清宫重达九千余斤的大钟。

玉皇殿后是中路建筑群——天师私第。王府式的天师私第,是历代天师的住宅,系明建清修的建筑。天师私第门旁石刻"南国无双地,西江第一家"的对联,横批是"拙浦西京"。门内有一影壁饰"鹤鹿蜂猴"图,取其谐音"厚禄封侯"之意。天师私第分为前、中、后三厅。前厅,又称"三省堂",是天师府的议事之所,也是私第的建筑中心。这里原有一过厅,现改为"天师殿"。天师殿中祀祖天师张道陵之像，左右凡第四十三代天师张宇初和第三十代天师张继先配祀。天师殿正中的大柱擎起的穿枋上共有三块金匾，正中的那块"道契崆峒"匾，是民国三年（1914）当时的大总统袁世凯赠给第六十二代天师张元旭的。天师殿后面与中厅以天沟搭接，中隔砖墙石门，石门上书"道自清虚"四字。中厅原本为内客厅，用来接待贵宾，故别称为"壶仙堂"。中厅与后厅以天井及东西厢房相连缀，厢房上置楼阁，东西相对，并与中厅、后厅形成天井。整个天井用青石铺地，四壁间雕梁画栋，富丽堂皇，颇有王府气魄。后厅才是天师自己真正使用的地方。这里俗称"上房"，天师在此日常起居，处理各种教内事务。厅中的中堂上悬挂着乾隆皇帝赐给第五十六代天师张遇隆的匾额，名为"教演宗传"。穿后厅而进，则直通灵芝园。灵芝园东西各建廊房四间，整齐相对。园内奇葩异花，四季飘香。

万神集聚的万法宗坛，坐落在私第西边，坐北朝南，自成院落。万法宗坛在天师府内的各式建筑中虽不起眼，却是张天师作为道教教主执掌天下道教事务的重要象征，地位非同寻常。院内置三殿，是张天师在私宅的祀神之所。北方正殿五间，祀三清、四御、三官、五老。正殿前分东西两配殿各三间，东祀司法神王灵官，西祀财神赵玄坛。殿皆碧瓦朱楹，富丽堂皇。宗坛后面，原为真武殿址，现为花草葱茏、古树浓荫的百花园。园后接百花池，池旁有纳凉居古房尚存。

除了上述的各种建筑、珍奇宝贝外，天师府号称还有第一代张天师所传的"四大法宝"：一是"三五斩邪雌雄剑"；二是法印"阳平治都功印"；三是各种符箓，有护身、镇妖、镇宅等三十六天将符与各种经、像；四是各种道教法器，如天蓬尺、玉笏、玉冠、拷鬼桃杖、令牌等。这四大法宝成为天师府的镇府之宝。

龙虎山麓下有一开阔平坦处，是正一观旧址。基址坐北朝南、面水背山，据说是第四代天师张盛从汉中携祖天师印剑符箓迁回龙虎山时，建立于道坛之外。后来又在这里建祠，祭祀祖天师。南唐时建为天师庙，宋代改为演法观，明代修建为正一观，建钟鼓楼。但自天师府迁往上清镇后，正一观逐渐衰落，最后沦为废墟。

玖 司马承祯与天台宗

蜿蜒于东海之滨的天台山位于浙江省东部，绵亘于天台、临海、宁海、新昌、嵊县五县之间，主峰为华顶，海拔1094米。在司马承祯的《天地宫府图》中，天台山的赤城山洞为十大洞天之一，而灵墟洞和司马悔山位列七十二福地。另在明代佛僧释传灯所著的《天台山方外志》中，第十四福地灵墟洞在天台县北60里，第六十福地司马悔山在天台县北13里。

天台山自然风光旖旎多姿，其清秀、奇特、幽静的景色，成为历代高道意欲修真养性之地。东汉末年，葛玄曾在此修真，在汉灵帝光和二年（179）正月朔，感太上老君敕真人徐来勤等同降于天台，授《灵宝经》三十六部及上清斋法二等，并三箓七品斋法。天台山瀑布岩下所建的天台观，据称是葛玄修建。

晋代天台山已有不少道士在此修行，如袁根、柏硕、班孟、魏夫人、王玄甫、许迈、白云先生等。南朝时，则有道士褚伯玉、徐则等人居止天台。钱塘人褚伯玉，隐于天台中峰二十年，直到南齐高帝萧道成征召。据说萧道成还专门在天台山为褚伯玉立了太平馆。但当萧道成征召褚伯玉时，褚伯玉却不辞而别，移居大霍山仙去。陈时著名道士徐则居止天台山修行。徐则是会稽郡剡县人，先隐成缙云山，陈宣帝太建年间（569—582），徐则一度应召栖止陈都至真观，但不久即辞别，遁入天台山。

入唐，天台山道教进入鼎盛时期。有大批知名道士相继入居此山。最著名者是司马承祯及其所传之弟子。据《唐王屋山中岩台正一先生碑碣》等载，司马承祯在嵩山拜潘师正为师后，遍游名山，不久即往天台山不出。司马氏在天台山构层轩于坛上，名为"众妙台"，自号白云子。据史书记载，司马承祯留居天台山的时间大致在武周朝（690—704）至开元十二年（724）之间，期间只在开元初于南岳住过短暂的时期。在当时修炼外丹的风气中，司马承祯力主"坐忘"，以老子思想为依据，吸取佛教止观、禅定的方法，给后世道教以极大的影响，特别是在道教由外丹转向内丹，由外向内寻求成仙之道的过程中起到重要的理论作用，成为宋元道教内丹学的理论先驱，并给宋明理学带来一定的影响。在天台山期间，司马承祯创置桐柏观，建藏经殿，收授了许多弟子，有女道士谢自然、焦静真，男弟子薛季昌。而司马承祯所创立的上清派，由薛季昌传承下去。刘咸炘在《道教征略》称其为"南岳天台派"。

除司马承祯一派外，这一时期天台山高道云集。如号默希子的徐灵府，师从田虚应，居止天台山云盖峰虎头岩石室内十余年。会昌（841—846）初，武宗征召不赴。卒年八十二岁，一生著有《玄鉴》五篇，注《通玄真经》十二篇，又撰写了《天台山记》《三洞要略》《寒山子集序》等著作；应夷节本为汝南人，十三岁入道士籍。后游天台，师从冯惟良受上清法。武宗会昌中，在天台山桐柏观之西别建一处静坛以居，皇帝下诏赐名为"道元院"。应夷节在天台山栖真五十余年，弟子众多。此外，叶藏质、左玄泽、杜光庭及五代道士朱霄外等都在天台山修真，他们也都是名重一时的高道。

杜光庭是在唐懿宗咸通（860—873）年间应九经举不第，遂入天台山学道，师从应夷节。稍晚于杜光庭栖止于天台山的高道还有朱霄外。朱霄外在史籍中记载寥寥，但我们从他在后周广顺二年（952）建藏经院时所题的"吴越两街道统天台道门威仪、栖真明德大师通玄先生正一天师、特进检校太傅守太保上柱国、吴郡开国公食邑一千五百户朱霄外建"，得知他的声名所及。

吴越至两宋时期，天台山也出了不少名重一时、对道教贡献很大的道士。如张契真自幼师从胡法师，游于赤城山。适逢朱霄外居于天台，将他度为道士。随后，张契真又从樊先生，受正一盟威灵宝法箓，从此名震江湖，号"小灵宝"。张契真不仅道术高强，还酷爱文学，擅长草隶和棋弈，因此结交了不少权贵，吴越时被命为"总管三箓斋事"，可谓权高位重。朝代更替后，其鸿运沿袭不替，宋太宗仍命他主醮，并刊正道书，同时赐号"元静大师"。张契真所编的《上清灵宝大法》六十六卷，就存于《道藏》内。与张契真同时齐名的"大灵宝"王茂端，也曾居止天台山，所著的《灵宝教法秘箓》十卷，就留于桐柏观内。至于张无梦、陈景元师徒二人，也都曾修真于天台山。

"靖康之变"后，南宋朝廷定都杭州。天台山借近水楼台之便，更成为高道云集之地。当时，在这里修真的有元明宫道士张云友、桐柏观道士祝通玄、王中立。南宋皇室对天台山道士恩宠有加，尤其是宋理宗对王中立宠赐优渥。还有一些道人，慕天台山之名游于此。如为显仁太后治好眼疾的皇甫坦，在隆兴年间（1163—1164）游天台。这些高道栖止天台，为"天台仙派"的应运而生，并进一步形成道教南宗奠定了基础。

北宋张伯端在天台山创立南宗，是道教史上的重大事件。号为"紫阳真人"的张伯端本身即为天台人，他从刘海蟾处学得"金液还丹"之诀，于北宋熙宁八年（1075）撰成《悟真篇》，宣扬"三教一理"和内丹术。实际上早在盛唐时期，司马承祯就开始提倡这种内丹术。当时，司马氏是鉴于外丹"徒费财与日"，甚至致人暴死，曾提倡"坐忘论"。所谓的"坐忘论"，就是将道家的清静无为之说，转变为可以操作的静修。张伯端在司马氏的"坐忘论"基础上循序渐进，同时，还吸取了钟（离权）、吕（洞宾）、刘（海蟾）等高道之说。恰在此时，佛教中禅宗大为盛行，这对道教有很大的影响。张伯端因此借用禅宗的教义与理念，系统地阐述炼己筑基、炼精化气、炼气化神、炼神返虚，由命功而性功的修持步骤，遂集内丹术之大成，从此内丹术成为了道教炼养术中的显学。

张伯端将其毕生所修，尽传弟子石泰，石泰再依次传授给薛道光、陈楠、白玉蟾，世称"南五相"。到南宋白玉蟾时，南宗真正确立。因此，张伯端和白玉蟾等人修持布道的桐柏宫（原名桐柏观）成为中外道徒共奉的南宗祖庭。

正是因为有这些知名的道士在此修真，魏晋南北朝时天台山已建有一批道观宫馆。最早的当属孙权为葛玄所建的天台观，唐人徐灵府在《天台山记》中称："天台观，在唐兴县北十八里、桐柏山西南瀑布岩。旧《图经》云：'吴主孙权为葛仙公（玄）所创，最居形胜。'"后来，徐则也曾居住此观。南齐永泰元年（498），名士沈约于桐柏山上建金庭馆，还撰写了《桐柏山金庭馆碑》，记录了其建馆隐居的详细过程。

唐代，是天台山兴建宫观的高潮时期。其中，以桐柏观最为壮观。传说，这里原是昔日葛玄居止之地，后来有不少道士在此静修。唐代，司马承祯又居于此地。故景云年间（710—711），唐睿宗李旦下诏，在此地新修桐柏观作为道士修炼的居处。桐柏观修成后，又经徐灵府、叶藏质不断修缮。五代后梁开平（907—910）年间，更名为"桐柏宫"。

在唐代，除了桐柏宫外，天台山还陆续修建了许多宫观，如长庆元年（821）徐灵府修建的元明宫；咸通年间（860—873）叶藏质建法莲院，又在玉霄峰下创建石门山居，石门山居后改名为"玉霄观"。此观到了北宋大中祥符元年（1008）再次改名为"洞天宫"；大中六年（852）修建了白云庵，后在北宋乾道四年（1168）时更名为"白云昌寿观";后周广顺二年(952)朱霄外建藏经院。此外,还有昭庆院、延寿观、法轮院,以及在天台观原址修建了老君殿。

宋元间,除了对已有的桐柏宫、福寿观进行修葺外,又新建了一批宫观。宋代新建宫观有:政和八年(1118)赐额建观的玉京观;咸淳七年(1271)由道士徐自明兴建的熙宁道院;而玄静观是南宋时期由奸相贾似道施宅修建。元代新建道观的时期主要集中在元初的至元年间。至元年间(1264—1294)兴建的宫观,有仁靖、纯素二宫,是因为桐柏宫道士王中立被元世祖忽必烈授予仁靖纯素真人,于是,便在桐柏宫右侧白云观旧址处兴建纯素宫,在桐柏宫左侧冲啬庵旧基建仁靖宫;此外,王中立还修建了养素道院。这一时期还有一些由其他道士兴修的道观:如陈贯道主持修建的桃源道院、石好问修建的思真庵、周正中修建的卧云庵等。只有鹤峰全真道院是在大德九年(1305)由道士徐光孚兴建的。

明清以后,天台山道教走向衰落。不仅不再有高道传法,明末宫观大部分倾圮废毁。在明僧释传灯的《天台山方外志》中对唐宋名观桐柏宫的倾圮经过有十分详细的描述：该宫先是于元末遭到火焚，化为丘墟。明初年两次重修，只是修葺后的桐柏宫，其间架规模，崇饰艳丽，与唐宋旧时相去甚远。但到明末万历年间（1573—1619），桐柏宫已是道众贫匮，殿宇颓坏，宫中碑刻所剩无几了。清代潘耒撰写《游天台山记》时，桐柏宫仅余遗址，仅存的一间三清殿颓败破旧，令潘耒感叹唏嘘不已。光绪年间（1875—1908），虽有道士对桐柏宫加以重建，香火渐盛。但抗日战争中，遭日机轰炸，仅存零星破屋十余间。

　　桐柏宫如此，天台山上其余宫观更是不堪，或废圮，或改为僧寺。如今大多也已不存。

结语：道教与中国人

从上述九个道教圣地的历史发展，我们可以看出，作为中国唯一的本土宗教，道教深深地根植于中国文化中，同时在两千多年的发展中也对中国历史文化有着深远的影响，甚至可以这样说，要理解中国人，首先需要了解道教。

道家与道教对中国人的影响，大致可以分为两个层面：一是精神层面的，二是物质层面的。

汉代以来，中国学术思想或意识形成大致统一在儒家上。但作为社会中坚力量的士大夫阶层，大多持"外儒内道"的立场。所谓的"外儒"，是指士大夫在意识形态上基本遵循儒家，推崇儒家的人伦道德，以修身、齐家、治国、平天下为己任，追求社会价值的实现。"内道"则是指他们内心往往更崇尚道家的清静无为，以生命的永恒与快乐为最高理想。道教中借用老庄思想，在唐宋以后，因士大夫阶层中所形成的一种理性的思潮，使其融合了禅宗及传统养身术的内丹说，受到后世中国士大夫的青睐。

老子的恬淡寡欲、抱全守真，是士大夫做人的生活准则。而庄子的"不食五谷，吸风饮露，乘云气、御飞龙，而游乎四海之外"的逍遥自在、人我两忘的状态，更是他们追求的最高境界。因此，传统的士人，内心大多以道教的心性清净、寡欲淡泊为尚，言谈谨慎、居处简洁、进退有节、恭谦有礼，如此方能免除内心的烦恼，同时也能在关系复杂、前途叵测的仕宦生涯中得以保全。

除了精神上的需求外，道教的理念也与中国传统养生之道吻合。中国传统的养生术认为，内心的清静与平衡是保持身体机能健康的重要前提。汉代《太平经》中就有"养生之道，安身养气，不欲喜怒也。人无忧，故自寿"的说法。而道教从其形成初期，就接受了道家把自然、社会看成同构系统的一套理论。到了唐宋时期，更是将无思无虑与自然恬淡的养生之术纳入其中，形成了相对有理论体系的内丹学。这一点也深刻地影响了中国人的养生理念，甚至成为中国传统医学的核心价值。

此外，道教在中国人的日常生活中也扮演着重要的角色。中国传统岁时节日中的伏腊、送灶、正月初七的人日、初九的九皇诞、正月十五的上元节、七月十五的中元鬼节等，许多是道教中的节日。而婚丧礼俗中的道教科仪更是不胜枚举，由此便可知道教在中国人日常生活中的浸淫。至于平常那些渗透到中国俗文化中的仪式、信仰，以及"善恶报应"的观念，虽然有部分出自佛教，但更多的是来自神祇众多、祠祀纷繁的道教。正因为道教与中国人的日常生活水乳交融，以至于我们常常不自觉地忽视道教在中国文化中的作用，因此也就难以参透道教与中国文化之间夹缠不清的关系。

附录：道教地理体系的构建

道教承袭和发展了古代方仙道中神灵居于天上、海中或名山之说，在唐代之前就开始陆续构建神仙居所的地理体系，其中比较成熟的，如《道藏》中，托名汉代东方朔集的《十洲记》中记录的十洲三岛。到了唐代，高道司马承祯又在《天地宫府图》中归纳出十大洞天、三十六小洞天、七十二福地，并在《无上秘要》《三洞珠囊》收入"二十四治"。这些前人的工作成就为后唐杜光庭所吸纳。他把见于各种道书中的神仙居住之地进行了整理，形成一部较完整的道教神学地理著作——《洞天福地岳渎名山记》。杜氏构建出的这套道教地理体系系统完整、结构严密、后出转精,因而得到了后世的认可,成为道教名山体系的理论依据。

杜光庭在这部著作的序中表明,自开天辟地,出现江海山岳以来,就有神仙居住的灵宫阆府、玉宇金台,这些仙境按其等级依次分为以下几类:

首先是天上仙山:以玄都玉京山为中心、四周围绕着的三境之山分别是大罗之中的玄都玉京山、玉清之上的元京山、峨眉山、三秀山、广霞山、金华山、寒童灵山、秀华山、红映山、紫空山、五间山、三宝山、飞霞山诸山和太清之中的浮绝山。这些天上仙山,杜光庭注称,"皆真气所化,上有宫阙,大圣所游之处"。

其次是以昆仑山为中心的五岳十山。这里的五岳并非我们俗称的"三山五岳"中的五岳,而分别指东海中青帝所都的东岳广桑山、南海中赤帝所都的南岳长离山、西海中白帝所都的西岳丽农山、北海中黑帝所都的北岳广野山,它们共同拱卫着九海之中的中岳昆仑山。十山的名目,也颇为离奇。它们是:方壶山,在去岸三十万里的北海中;扶桑山,地处东海,地方万里,日之所出;

蓬莱山，在东海中，高一千里；连石山，在东南辰巳之地的海中；沃焦山，在东海中，百川注之而不盈；方丈山，在大海中，高四十九万七千丈；钟山，在北海中；员峤山，在大海中，上接日月；岱舆山，在巨海之中；丰都山，在九垒之下，一云在癸地鬼神之司。显然，这五岳十山的名称与所处之地完全是构想出来的，罗列出来只会让人感到仙界的虚无缥缈。

再次是十洲三岛。玄洲在北海中，地方七千里；瀛洲在东海，一名青丘；穆洲在东海中，地方五百里；祖洲在东海中，地方万里，出"不死草"；元洲在大海中，地方三千里；长洲在巨海中，地方五千里；流洲在西海中，地方三千里；凤麟洲在西海中，出绩弦胶；聚窟洲在西海中，地方万里，出"反魂香"；炎洲在南海中，地方二千里；生洲在西海中，地方二千五百里；沧海岛在大海中，高五万里。道教教义中，瀛洲位于东方大海之中，方圆四千里。其中遍生灵芝仙草，还有高达千丈的玉石。涌出的泉水甘醇如酒，名为玉醴泉。普通人若饮数升虽一醉不起，却能长生不死。

十洲尚且如此，那么三岛更加了得：其中的方丈岛，位于东海，周回五千里，是为三天司命的治所。群仙想要升天的，都必须来这里受太上玄生。岛上还有一个九原丈人宫，统领天下水神及龙蛇、巨鲸、阴精水兽之辈。最后一个蓬莱岛，正对东海的东北岸，范围自然不小，周回五千里，地位最为尊贵。据称，天帝在此管理九天之维，就连上古的圣人大禹治水完毕后，也是到此地祭祠上帝，将大功归于九天的。

这十洲三岛的概念是随着道教的发展、神仙数量的不断增加，由三神山发展而来。十洲中最著名的是瀛洲，明清北京皇城内的中南海，其上构筑的小岛就名为"小瀛洲"。然而细心的读者会发现，杜光庭在《洞天福地岳渎名山记》中列出的是十一洲一岛，这就与唐代道士司马承祯的《十洲记》颇有出入：《十洲记》中并无穆洲名目。至于三岛，杜氏也只有沧海岛一岛，而《十洲记》中虽记录了沧海岛、方丈岛、扶桑、蓬丘（蓬莱山），昆仑（又名昆陵）等地，却没有三岛之说。只有在《云笈七签》卷二十六《十洲三岛》部分，才明确地将昆仑、方丈（扶桑附）、蓬丘称为"三岛"，而将"沧海岛"附于十洲之聚窟洲之后。对于十洲三岛，杜光庭也特别予以说明："十洲三岛，五岳诸山，皆在昆仑之四方，巨海之中，神仙所居，五帝所理，非世人之所到也。"

在第三等级的仙境系统中，杜光庭创造性地构建了以五岳神为中心，分别配以其他山系为佐理的仙山地理格局，试图将纷繁复杂的众神之山各安其位，甚至还依据唐代的地方行政区划将神山落实到具体的地理位置上，使务实的中国人容易理解。

首先来看五岳。在《洞天福地岳渎名山记》中，地处唐代兖州奉符县的东岳泰山为五岳之首。管理东岳地区的神祇为天齐王，统领的仙官玉女有九万人之众。泰山周回两千里，以罗浮山、括苍山为佐命，蒙山、东山为佐理。其次是南岳衡山，其山岳之神是司天王，统率的仙官玉女稍少，为三万人。南岳周回二千里，以霍山、潜山为储副，天台山、勾曲山为佐理。再次是中岳嵩高山，也就是我们现在所称的嵩山。中岳的山神是中天王，领仙官玉女十二万人，周回一千里。洛州告成县的少室山、东京的武当山为佐命，太和山和陆浑山为佐理。位于华州华阴县的西岳华山排为第四，华山神是金天王，统领仙官玉女有七万人。华山周回两千里，地肺山、女几山为其佐命，西城山、青城山、峨眉山、嶓冢戎山、西玄县山是为佐理。最后是北岳恒山，岳神称为安天王，领有仙官玉女五万人，山周回两千里，位于镇州，其中，河逢山、抱犊山为北岳的佐命，玄陇山、崆峒山、洛阳山为它的佐理。

令人费解的是，杜光庭为五岳神山安排的辅佐诸山，并没有完全按照它们的实际地理位置进行排列组合，而是率性而为、随意布置，因此使得这一体系显得杂乱无章、荒诞不经。

最后一个等级就是我们常说的洞天福地。由于数量众多，杜氏将它们分为十大洞天、三十六小洞天和七十二福地。至于为何这样分类，《洞天福地岳渎名山记》中虽有解释，但在我们看来是任意排列，毫无规律可言。先来看十大洞天：

第一，王屋洞小有清虚天，周回万里，王褒所理，在洛州王屋县。

第二，委羽洞大有虚明天，周回万里，司马季主所理，在武州。

第三，西城洞太玄总真天，周回三千里，王方平所理，在蜀州。

第四，西玄洞天玄极真天，广二千里，裴君所理，在金州。

第五，青城洞宝仙九室天，广二千里，宁真君所理，在蜀州青城县。

第六，赤城洞上玉清平天，广八百里，王君所理，在台州唐兴县。

第七，罗浮洞朱明曜真天，广一千里，葛洪所理，在博罗县，属修州。

第八，句曲洞金坛华阳天，广一百五十里，茅君所理，在润州句容县。

第九，林屋洞左神幽虚天，广四百里，龙威丈人所理，在苏州吴县。

第十，括苍洞成德隐真天，广三百里，平仲节所理，在台州乐安县。

这十大洞天与五岳同样，都是仙官们统驭众神的所在。不过，十大洞天的地位显然低于十洲三岛，一般只是有道之人所居之地，"十大洞天、五岳，皆高真上仙主统，以福天下，以统众神也"。然而，毕竟不同于普通的俗人所居之处，十大洞天大多位于名山之间。如九州之名在不同的典籍中有着不同的名称一样，根据上述所引，杜光庭的"十大洞天体系"与司马承祯的《天地宫府图》中的"十大洞天"虽基本相同，但个别名称、地点还是有所差异。比如，第六洞天赤城山洞，司马氏名为"上清玉平之洞天"，而杜氏却是"上玉清平天"；第三洞天西城洞天的地点，司马氏称"未详所在，《登真隐诀》云疑终南太一山"，杜光庭则明确指认是在蜀州；第四洞天西玄洞天玄极真天，司马氏称"恐非人迹所及，莫知其所在"，同时也没有指明是哪位神祇统领，而杜氏明确地说是"裴君所理，在金州"。但整体来讲，除了一些故弄玄虚的洞天外，那些有名有地的洞天大多是因道教中的高人所居所隐而名列洞天之目，比如王屋、青城、罗浮、括苍等山,在中国道教历史上,它们都是与道教有着千丝万缕的联系。

"十大洞天"下来就是"三十六小洞天"了。这三十六洞天的名目与地点罗列如下:

第一,霍童山霍林洞天,在福州长溪县;

第二,太山蓬玄洞天,在兖州乾封县;

第三,衡山朱陵洞天,在衡州衡山县;

第四,华山总真洞天,在西岳;

第五,常山总玄洞天,在北岳;

第六,嵩山司真洞天,在中岳;

第七,峨眉山虚陵太妙洞天,在嘉州峨眉县;

第八,庐山洞虚咏真洞天,在江州浔阳县;

第九,四明山丹山赤水洞天,在越州余姚县;

第十,会稽山极玄阳明洞天,在越州会稽县;

第十一,方白山德玄洞天,在京兆周至县;

第十二,西山天宝极玄洞天,在洪州南昌县;

第十三,大酆山好生上元洞天,在潭州醴陵县;

第十四,潜山天柱司玄洞天,在舒州桐城县;

第十五，武夷山升真化玄洞天，在建州建阳县；

第十六，鬼谷山贵玄思真洞天，在信州贵溪县；

第十七，华盖山容城太玉洞天，在温州永嘉县；

第十八，玉笥山太秀法乐洞天，在吉州新淦县；

第十九，盖竹山长耀宝光洞天，在台州黄岩县；

第二十，都峤山太上宝玄洞天，在容州；

第二十一，白石山秀乐长真洞天，在容州北源；

第二十二，句漏山玉阙宝圭洞天，在容州；

第二十三，九疑山湘真太虚洞天，在道州延唐县；

第二十四，洞阳山洞阳隐观洞天，在潭州长沙县；

第二十五，幕阜山玄真太元洞天，在鄂州唐军县；

第二十六，酉山大酉华妙洞天，在辰州界；

第二十七，金庭山金庭崇妙洞天，在越州剡县；

第二十八，麻姑山丹霞洞天，在抚州南城县；

第二十九，仙都山仙都祈仙洞天，在处州缙云县；

第三十，青田山青田大鹤洞天，在处州青田县；

第三十一，天柱山大涤玄盖洞天，在杭州余杭县；

第三十二，钟山朱湖太生洞天，在润州上元县；

第三十三，良常山良常方会洞天，在茅山东北；

第三十四，桃源山白马玄光洞天，在朗州武陵县；

第三十五，金华山金华洞元洞天，在婺州金华县；

第三十六，紫盖山紫玄洞盟洞天，在韶州曲江县。

关于三十六小洞天，司马承祯曾有云："太上曰：其次三十六小洞天，在诸名山之中，亦上仙所统辖之处也。"它们是比五岳、十大洞天的级别低一些的神仙住地。既然大洞天有十个之数，那么小洞天的数量自然只多不少。不过，之所以采用三十六为小洞天之数，是因为三十六为易家术数，这一数字的神秘化可能与一年约有三百六十天有关。而在中国古代，人们是以算筹计数，每逢零都要空位，故在中国古代算筹中，三十六与三百六十看起来并无太大的差别。而用三十六除以四，则分别得出九、八、七、六等数，这在易学家或阴阳家们看来，即所谓的老阳、少阳、少阴、老阴之数。故三十六这个数字，素来为谶纬术数家们所重视，如九为阳变之数，六为阴变之数，都是三十六的约数。这也是纬书《河图》有九篇、《雒书》有六篇的原因。就连秦始皇统一中国，所置的郡数也是三十六郡。这些术数观念与中国古代文化中的其他内容一并为道教所继承，故道教喜用三十六这个数字，常常用来表达其神祇体系。例如，道教宣称天上有三十六宫，北斗丛星中有三十六天罡星，地上有三十六洞天，道书三十六周遍，道士炼养时叩齿三十六下，等等。甚至在张角的太平道设立三十六方，也是这一观念的体现。这样就可以理解，为何在三十六洞天中有如此多的虚妄不经的洞天，其实不过是为了凑足三十六数而已。

与"十大洞天"一样，杜光庭在《洞天福地岳渎名山记》中所记的上述"三十六小洞天"，与司马承祯的《天地宫府图·三十六小洞天》所记差别不大，只是名称与杜氏的略有不同：如第十一洞天的方白山，在司马承祯这里是太白山，笔者以为杜氏差矣，而司马氏正确。在周至县只有太白山，并无方白山名目。不过，或许我们错怪了杜光庭，有可能这里是后人传抄时的笔误，也未可知。

比三十六小洞天级别再低的，就是七十二福地了。不过，由于级别较低，杜氏在《洞天福地岳渎名山记》中只罗列了它们的名称，指明它们所处的地理位置：

（1）地肺山，在茅山紫阳观；（2）石磕源，在台州黄岩县峤岭；（3）东仙源，在温州白溪；（4）南田，在处州青田；（5）玉琉山，在温州海中；（6）青屿山，在东海口；（7）崆峒山，在夏州；（8）郁木坑，在吉州玉笥山玉梁观；（9）武当山，在均州七十一洞；（10）君山，在岳州青草湖中；（11）桂源，在连州抱福山；（12）灵墟，在台州天台山；（13）沃洲，在越州剡县；（14）天姥岭，在台州天台南；（15）若耶溪，在越州南樵风径；（16）巫山，在夔州大仙坛；（17）清远山，在婺州清阳县；（18）安山，在交州；（19）马岭，在郴州；（20）鹅羊山，在长沙县；（21）洞真坛，在长沙南岳祝融峰；（22）洞宫，在长沙北；（23）玉清坛，在长沙北；（24）洞灵源，在衡州南岳招仙观上峰；（25）陶山，在温州安固县；（26）烂柯山，在衢州信安县；（27）龙虎山，在信州贵溪县；（28）勒溪，在建州建阳县；

(29) 灵应山，在饶州；(30) 白水源，在龙州；(31) 金精山，在虔州虔化县；(32) 阁皂山，在吉州新淦县；(33) 始丰山，在洪州丰城县；(34) 逍遥山，在洪州连西山；(35) 东白源，在洪州新吴县；(36) 钵池，在楚州北；(37) 论山，在丹徒县；(38) 毛公坛，在苏州洞庭湖中，包山七十二坛；(39) 九华山，在池州青阳县；(40) 桐柏山，在唐州桐柏县淮水上源；(41) 平都山，在忠州酆都县；(42) 绿萝山，在常德武陵北；(43) 章观山，在澧州澧阳县；(44) 抱犊山，在潞州上党；(45) 大面山，在蜀州青城山；(46) 虎溪，在湖州安吉县；(47) 元晨山，在江州都昌县；(48) 马迹山，在舒州；(49) 德山，在朗州武陵县；(50) 鸡笼山，在和州历阳县；(51) 王峰，在蓝田县；(52) 商谷，在商州上洛县；(53) 阳羡山，在常州义兴县张公洞；(54) 长白山，在兖州；(55) 中条山，在河中永乐县；(56) 霍山，在寿州；(57) 云山，在朗州武陵县；(58) 四明山，在梨州；(59) 缑氏山，在洛州缑氏县；(60) 临邛山，在邛州临邛县白鹤山；(61) 少室山，在河南府连中岳；

（62）翠微山，在西安府终南太一观；（63）大隐山，在明州慈溪县天宝观；（64）白鹿山，在杭州天柱山；（65）太若岩，在温州永嘉县；（66）嵊山，在莱州崂嵊山；（67）西白山，在越州剡县；（68）天印山，在升州上元县洞玄观；（69）金城山，在云中郡；（70）三皇井，在温州仙岩山；（71）沃壤，在海州东海县。

以上述杜光庭的"七十二福地"与司马承祯的《天地宫府图》相比较，两者差别很大。由此推知，道教关于洞天福地的具体说法可能不只一种，或许其中反映了人们在不同时期、不同地域对洞天福地的不同理解。而七十二福地之数，用的是与上述三十六小洞天一样的术数理念。甚至，杜光庭实在无法凑足七十二个福地，只好虚晃一枪，用七十一指称七十二。

不论是三山五岳，还是大小洞天，抑或是七十二福地，它们都是真仙所居，迥然异于凡俗之界。关于这一点，葛洪在《抱朴子·对俗》中有详细的描述："果能登虚蹑景，云舆霓盖，餐朝霞之沉瀣，吸玄黄之醇精，饮则玉醴金浆，食则翠芝朱英，居则瑶堂瑰室，行则逍遥太清。……或可以翼亮五帝，或可以监御百灵，位可以不求而自致，膳可以咀茹华璃，势可以总摄罗酆，威可以叱咤梁成。"并且可以"或升天、或住地，要于俱长生，去留各从其所好耳"。如此奇妙之所在，无怪乎众人趋之若鹜，不惮以身家性命以求之。

但从上文所述来看，显然在道教的洞天福地中，等级越高的，越是虚无缥缈；等级低的，与人世间的关系也就密切了一点，大多能落实到具体的地域。这大体上也反映了道教中人与神之间的等级关系。不过，这一体系初创于魏晋时期的陶弘景，完成于后唐时期的杜光庭。在他们之后的千年中，新的教派不断形成，新的圣地陆续被创造出来，因此有些后世颇有盛名的道教圣地不在此列亦是情理之中。

道教作为中国原生的宗教形态，尽管在其发展过程中也充分吸取其他宗教，尤其是佛教的理论与概念，但它毕竟是生发于中国文化之中，因此道教与中国文化互相融汇、彼此贯通。具体表现于道观中,就在道教修真悟性、追求长生成仙的宗教表象下,隐约透露出中国文化的一些特质。

参考书目

《中国道教史》,卿希泰主编,四川人民出版社,1996年。
《道教名山大观》,郑石平著,上海文化出版社,1994年。
《长生久视的胜境——古代仙山道观》,顾军、朱耀庭著,辽宁师范大学出版社,1996年。
《中华揽胜》,人民画报社编,中国画报出版社,2002年。
《中国世界遗产》,姚艳霞主编,哈尔滨地图出版社,2003年。
《中国名山风景区》,周维权著,清华大学出版社,1996年。
《神州揽胜》,白文明编著,中国建筑工业出版社,2003年。
《中华名山纵览》,杨延阳著,中国长安出版社,2006年。
《道观游》,梵天文化传播中心编著,中国藏学出版社,2005年。
《泰山百问》,李爱国、单传海等编著,中国旅游出版社,2006年。

《庐山史话》，周銮书著，江西人民出版社，2005年。
《青城山与都江堰》，周乐天、陈斐昌编著，广东旅游出版社，2003年。
《武当山古建筑群》，耿广恩、明剑玲编著，广东旅游出版社，2001年。
《中国旅游指南·嵩山》，《中国旅游指南》编委会编，中华书局，2000年。
《中国旅游指南·华山》，《中国旅游指南》编委会编，中华书局，2000年。

图书在版编目（CIP）数据

道观可道的中国/张晓虹著.-上海：上海文艺出版社.2019.7

（九说中国）

ISBN 978-7-5321-7242-9

Ⅰ.①道… Ⅱ.①张… Ⅲ.①道教－寺庙－介绍－中国

Ⅳ.①K928.75

中国版本图书馆CIP数据核字（2019）第110394号

发 行 人：陈　徵
策 划 人：孙　晶
责任编辑：胡曦露
封面设计：胡斌工作室

书　　　名：道观可道的中国
作　　　者：张晓虹
出　　　版：上海世纪出版集团　上海文艺出版社
地　　　址：上海绍兴路7号　200020
发　　　行：上海文艺出版社发行中心发行
　　　　　　上海市绍兴路50号　200020　www.ewen.co
印　　　刷：山东临沂新华印刷物流集团有限责任公司
开　　　本：787×1168　1/32
印　　　张：5.75
插　　　页：2
字　　　数：84,000
印　　　次：2019年7月第1版　2019年7月第1次印刷
Ｉ　Ｓ　Ｂ　Ｎ：978-7-5321-7242-9/G · 0241
定　　　价：23.00元
告 读 者：如发现本书有质量问题请与印刷厂质量科联系　T:0539-2925888